스토리텔러가 살아남는다

BEST STORY WINS
Copyright ⓒ Mark Edwards 2024
All rights reserved.

Korean translation copyright ⓒ 2025 by Next Wave Media Co., Ltd
Korean translation rights arranged with Profile Books, Ltd.
through EYA Co.,Ltd

이 책의 한국어판 저작권은 EYA Co.,Ltd를 통해 Profile Books, Ltd.과
독점 계약한 ㈜흐름출판이 소유합니다.
저작권법에 의하여 한국 내에서 보호를 받는 저작물이므로
무단 전재 및 복제를 금합니다.

스토리텔러가 살아남는다

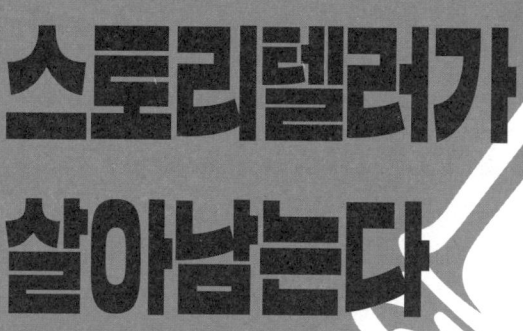

BEST STORY WINS

생각을 넘어 행동을 바꾸는 스토리텔링 설계법

마크 에드워즈 지음 | 최윤영 옮김

흐름출판

일러두기

— 국립국어원 표준어 규정 및 외래어 표기법을 따르되, 외국 인명 등 일부 고유명사는 관례와 원어 발음을 참고하여 표기하였다.
— 본문 하단의 각주는 이해를 돕기 위해 옮긴이와 편집자가 추가한 것이다.
— 단행본 『 』, 정기간행물, 논문, 영화 등은 〈 〉으로 묶었다.

스토리텔러가 살아남는다

초판 1쇄 인쇄 2025년 10월 24일
초판 1쇄 발행 2025년 11월 3일

지은이 마크 에드워즈
옮긴이 최윤영
펴낸이 유정연

이사 김귀분
책임편집 신성식 **기획편집** 조현주 유리슬아 황서연 정유진 **디자인** 안수진 기경란
마케팅 반지영 박중혁 하유정 **제작** 임정호 **경영지원** 박소영

펴낸곳 흐름출판(주) **출판등록** 제313-2003-199호(2003년 5월 28일)
주소 서울시 마포구 월드컵북로5길 48-9(서교동)
전화 (02)325-4944 **팩스** (02)325-4945 **이메일** book@hbooks.co.kr
홈페이지 http://www.hbooks.co.kr **블로그** blog.naver.com/nextwave7
출력·인쇄·제본 (주)삼광프린팅 **용지** 월드페이퍼(주) **후가공** (주)이지앤비(특허 제10-1081185호)

ISBN 978-89-6596-766-8 03320

- 이 책은 저작권법에 따라 보호를 받는 저작물이므로 무단 전재와 복제를 금지하며, 이 책 내용의 전부 또는 일부를 사용하려면 반드시 저작권자와 흐름출판의 서면 동의를 받아야 합니다.
- 흐름출판은 독자 여러분의 투고를 기다리고 있습니다. 원고가 있으신 분은 book@hbooks.co.kr로 간단한 개요와 취지, 연락처 등을 보내주세요. 머뭇거리지 말고 문을 두드리세요.
- 파손된 책은 구입하신 서점에서 교환해드리며 책값은 뒤표지에 있습니다.

머리말
세상에서 가장 강력한 사람

"세상에서 가장 강력한 사람은 누구일까?"

1994년 어느 여름날, 스티브 잡스는 군것질이 당겼다. 그래서 넥스트NeXT의 캘리포니아 레드우드 본사 휴게실로 들어섰다. 넥스트는 애플Apple에서 쫓겨난 후 그가 창업한 곳이었다. 그는 베이글 하나를 집어들며 휴게실에 있는 직원들을 향해 세상에서 가장 강력한 사람은 누구인지 물었다. 휴게실에서 편하게 던질 만한 농담은 아니었지만 상사의 질문이었기에 직원들은 당대 주요 정치인을 포함한 몇몇 사람들의 이름을 말했다. 잡스는 여느 때와 마찬가지로 확신에 찬 얼굴로 "아니지"라고 답했다.

"모두 틀렸어! 세상에서 가장 강력한 사람은 스토리텔러야."

누구나 생각할 법한 당연한 대답은 아니었다. 잡스는 어떻게 그런 생각을 하게 되었을까? 당시 잡스는 재정적으로나 개인적으로 스토리텔링에 상당한 투자를 하고 있었다. 1985년 이사회 내분으로 애플을 떠난 이후 넥스트를 설립했고, 동시에 루카스필름Lucasfilm 그래픽 사업부를 독립된 회사로 설립하는 데 자금을 투자해 주요 주주로 참여했다. 1994년에는 이 회사의 이름을 픽사Pixar로 변경했고, 당시 잡스가 총괄 프로듀서로 참여한 애니메이션 장편 영화 〈토이스토리Tory Story〉 개봉을 불과 1년 앞두고 있었다.

잡스는 픽사가 당대 최고의 스토리텔러로 우뚝 설 것이라며 재정적 지원을 아끼지 않았다. 또 특유의 논리적 논증으로 일관하던 소통 스타일에서 완전히 벗어나 이전과 전혀 다른 방식으로 세상과 소통하는 사람으로 변모하고 있었다.

픽사의 공동 창립자인 에드 캣멀은 잡스에 대해 이렇게 언급한 적이 있다. "잡스는 본래 상대방이 이해할 때까지 설명한다는 지론을 갖고 있었습니다. 때로는 그 기간이 몇 달씩 이어지기도 했죠." 그러나 잡스는 논리적 근거에 기반한 이런 접근법의 한계를 깨닫기 시작했다. 1997년 애플로 복귀한 그는 제품 출시 연설을 시작으로 점차 새로운 스토리텔링 스타일을 발전시켜 나가기 시작했다. 이는 오늘날 비즈니스 커뮤니케이션의 마스터클래스Mastercalss*로 평가받는다. 대표적인 예로 2002년 소프트웨어 개발자들은 맥 OS9로 계속 작업하길 원했지만, 잡스는 OS10 체제로 전환하길 바랐다. 그때 잡스는 개발자들이 이해할 때까지 설명만 하지 않았다. 논쟁을 피하는 대신 OS9의 장례식을 열었다.

스티브 잡스가 설계한 장례식

산호세 컨벤션 센터에서 연례 개발자 콘퍼런스가 열리던 날, 무대를 가득 채운 드라이아이스 앞으로 스테인드글라스 이미지가 슬라이드에 나타났다. 그 순간 바흐의 토카타 및 푸가 D 단조 음악이 흘러나오며 관이 등장했다. 맥 OS9 들어있는 상자를 들고 등장한 잡스는 진지한 모습으로 관까지 걸어가 상자를 집어넣었다. 그리고 천천히 조심스레 뚜껑을 닫고 그 위에 장미 한 송이를 올린 뒤 추도사를 낭독했다.

그의 추도사는 구체제에 대한 품위 있는 존중과 부드러운 유머 사이에서 완벽한 균형을 이루며 정확히 핵심을 짚었다.

고인은 정말 훌륭했습니다. 하지만 작은 단점도 있었죠. OS9는 우리 모두의 친구였습니다. 그는 우리를 위해 쉼 없이 일했고, 늘 우리의 애플리케이션을 호스팅했으며, 모든

---

* 주로 음악 분야에서 유명한 전문가가 재능이 뛰어난 학생들을 가르치는 수업

명령을 성실히 수행했습니다. 가끔 스스로 누구인지 잊어버려 다시 시작할 때를 제외하곤 말이죠. 늘 우리의 요청에 따라 움직였습니다.

잡스의 연설은 그가 말하고자 했던 핵심을 잘 보여줬다.

오늘 우리는 맥 OS9의 죽음을 애도하기 위해 이 자리에 모였습니다. 우리의 오랜 친구를 기억하며 잠시 묵념하겠습니다.

그리고 결정적으로 잡스는 OS 체제의 캐릭터를 무너트리지 않았다. 청중은 웃었지만, 잡스는 미소 짓지 않았다. 장례식은 개발자가 새로운 시스템을 지지해야 하는 이유에 대한 논쟁의 도구가 아니었다. '옛이야기'의 새로운 버전을 예고하는 것이었다. 곧, 기존 시스템의 사망과 새로운 시스템의 탄생을 의미했다.

스토리텔링은 애플이 세계 최고의 브랜드로 성장하는 데 핵심적인 요소였다. 잡스가 위기의 애플로 복귀한 뒤 곧바로 시작된 'Think Different다르게 생각하기' 캠페인은 그의 신념에 근거한다. 그 신념이란, 인생에서 가장 중요한 사건 중 하나는 세상은 '고정된 것이 아니며 얼마든지 바뀔 수 있다는 것을 깨닫는 순간'이라는 점이다. 이 깨달음의 순간은 고전 스토리텔링 형식인 '주인공의 여정' 가운데 핵심이다. 전 세계 문화권에서 공통으로 나타나는 형식이기도 하다. 이 깨달음의 순간은 '행동 촉구 Call to Action'[†]를 주인공이 받아들이는 순간이다. 이때부터 주인공이 스토리를 끌고 나가기 시작한다. 비로소 자신의 운명을 깨달은 주인공이 진짜 주인공이 되는 순간이다.

    이 은유는 우리가 삶에서 주체성을 깨닫는 과도기적 순간을 보여준다. '성장'하며 새로운 책임을 맡을 때 우리는 자신을 한 개인으로 정의하게 된다. 잡스는 이처럼 강력한 스토리텔링의 힘을 이해했기에 '다르게 생각하기'라는 두 단어만으로 그 힘을 최대한 활용할 수 있었다.

팔리는 이야기는 무엇이 다른가

    우리 모두가 잡스나 애플처럼 세상을 바꿀 수는 없다. 또 세계에서 가장 가치 있는 브랜드를 구축하거나 전 세계 산업에 혁명을 일으킬 수도 없다. 하지만 스토리텔링의 이점만큼은 누구나 누릴 수 있다.

    스토리텔링을 활용하면 거의 모든 사업과 업무에서 효과적으로 소통할 수 있다. 콘퍼런스에서 청중 앞에 설 때, 프로젝트에

[†] 어떤 행동이나 반응을 유도하기 위해 사용되는 요청.

대한 지지를 얻기 위해 이메일을 보낼 때, 파워포인트로 프레젠테이션할 때, 엘리베이터에서 동료와 대화를 나눌 때 등 거의 모든 상황에서 가장 효과적으로 핵심을 전달할 수 있다. 대기업의 리더나 구직자에게도 유용하다.

스토리텔링은 90초 분량의 슈퍼볼 TV 광고나 10초 분량의 소셜미디어 형식에도 적합하다. 2014년 〈마케팅 이론과 실천 저널〉에는 '무엇이 슈퍼볼 광고를 강력하게 만드는가?'라는 제목의 기사가 실렸다. 이 기사는 108개의 슈퍼볼 광고를 바탕으로 소비자가 가장 좋아하는 유형의 광고를 분석했다.

슈퍼볼 광고는 미국 광고 및 마케팅 시장의 최고 행사다. 1억 명 이상의 사람들이 실시간으로 광고를 볼 뿐 아니라 광고가 끝난 후에도 소셜미디어와 바이럴을 통해 끊임없이 재생되기 때문이다. 그렇다면 사람들이 가장 좋아한 광고는 무엇일까? 또 조회 수나 좋아요, 클릭 수, 바이럴 관점에서 가장 많은 관심을 받은 광고는 무엇일까?

조사 결과 인기 있는 광고의 핵심은 성적 매력도, 유머도, 카피도, 귀여운 동물도 아니었다. 사람들이 좋아하고 이야기하고 싶어 하는 것, 스토리를 담은 광고였다. 전통적인 내러티브 형식을 따른 광고가 가장 큰 인기를 얻었고, 스토리의 완성도가 높을수록 많은 호감을 얻고, 더 많이 회자되었다. 기사는 이렇게 결론지었다.

과연 스토리와 호감도가 소비자에게 팔릴까? 팔린다. 호감 가는 광고는 여러 번 본 뒤 다른 사람에게 공유할 가능성이 크다. 결국, 입소문을 타게 되고, 인지도가 높아진다. 광고주는 슈퍼볼 경기 중 딱 30초 동안만 소비자의 관심을 끌 수 있다. 하지만 소셜미디어에서의 광고는 호감도가 중요하다. 사람들은 스토리에 끌려 관심을 갖게 된다.

요즘 사람들은 스토리에 집중할 시간이 없다고 반박할 수도 있다. 각종 미디어에 따르면, 우리는 점점 더 짧아지는 주의집중 시간으로 고통받고 있기 때문이다.

이는 잘 알려진 사실이다. 하지만 정말일까? 집중력이 짧다고 지적받는 사람들도 흥미진진한 스토리라면 60분짜리 드라마도 수십 편씩 몰아보니 말이다. 오늘날의 인간은 흥미만 있다면 한 가지 일에 오랫동안 집중할 능력을 갖추고 있다. 그리고 스토리는 우리의 흥미를 끈다.

앞서 슈퍼볼 광고를 분석한 연구팀은 해당 연구 8년 후, 온라인 광고 영상에 관해 유사한 연구를 진행했다.

155개의 광고 영상을 분석한 결과 스토리가 있는 영상의 평균 공유 및 조회 수가 그렇지 않은 영상보다 더 높은 것으로 나타났다. 낚시성 기사 세계에서도 사람들은 여전히 스토리를 좋아했다.

비즈니스와 스토리의 만남

스토리텔링은 단순히 좋아요, 공유 수를 늘리는 데서 끝나지 않는다. 이는 수익으로 이어진다. 달러 셰이브 클럽Dollar Shave Club‡은 2016년 유니레버Unilever에 약 1조 4,000억 원에 인수되며 성공적인 스타트업에 이름을 올렸다. 금전적인 관점에서 이 거래는 유니레버에 합리적이었을까? 그렇지 않다는 의견이 지배적이었다. 하지만 이 거래로 약 1,260억 원을 손에 쥔 달러 셰이브 클럽 창업자 마이클 더빈에게는 분명 합당한 거래였다. 유니레버가 지불한 파격적인 인수 대금의 배경은 과연 무엇이었을까?

바로 스토리였다.

이 파격적인 브랜드는 파격적인 영상으로 파격적인 스토리를 전달했다. "우리 면도날은 정말 미쳤어요"라는 제목으로 유명한 영상은 마트를 둘러보는 더빈의 유머러스한 모습을 담고 있다. 광고는 청중과 즉각적인 감정적 유대감을 형성했다. 쓸데없이 고가의 면도기에 돈을 낭비하던 중 찾은 달러 셰이브 클럽이 그 해답이라는 생각이었다.

이 영상의 촬영 비용은 고작 630만 원 정도였다. 터무

---

‡ 저렴한 정기 구독 면도날 서비스를 앞세워 전통 면도기 시장을 공략한 미국의 스타트업.

니없을 정도로 값싼 금액이었다. 경제 전문지 〈마케팅 위크Marketing Week〉에 보도된 질레트Gillette 면도기의 연간 마케팅 예산은 무려 8,400억 원에 달했다.

인수 당시, 초기 단계 투자전문회사 바셋 인베스트먼트 그룹Basset Investment Group의 대표 라이언 다넬은 높은 인수 비용의 근거를 매우 명확하게 설명했다. "인수 금액을 결정하는 요소에는 두 가지가 있다. 재무 지표, 그리고 스토리다."

많은 비즈니스 리더가 스토리텔링을 중요한 기술로 꼽는 것은 그리 놀랄 일이 아니다. 버진그룹Virgin Group의 리처드 브랜슨도 비슷한 말을 한 적이 있다. "변화를 만드는 기업가는 사실상 전문 스토리텔러입니다. 스토리가 없었다면, 우리는 지금 이 자리까지 오지 못했을 것입니다." 사진 공유 웹사이트 플리커Flickr, 팀 메시징 애플리케이션 슬랙Slack의 창업자 스튜어트 버터필드는 다음과 같이 말했다.

> 딱 한 가지만 조언하라고 한다면 스토리텔링, 즉 사람들을 설득하는 데 집중하라고 말하고 싶습니다. 스토리텔링 없이는 제품이 아무리 좋아도, 아이디어가 아무리 뛰어나도, 그리고 그 어떤 외부 요인이 개입해도 사람들의 신뢰를 얻을 수 없습니다.

요컨대, 스토리텔링은 비즈니스에 필수적인 성공 요소다.

한 가지 다행인 것은 스토리텔링이 생각보다 쉽다는 것이다.

당신도 스토리텔러가 될 수 있다. 방법만 안다면…

당신은 특정한 사람들을 가리켜 타고난 스토리텔러라고 생각할 수 있다. 스토리텔링은 재능이고, 그런 재능이 나에게는 없다고 생각할 수도 있다. 하지만 누구나 스토리텔러가 될 수 있다. 실제로 우리는 모두 일상 속 스토리텔러이며, 이런 기술을 비즈니스에도, 일터에서도 적용할 수 있다.

예술계에서도 스토리텔링이 자주 언급되지만, 스토리텔링 자체는 예술이 아니다. 과학이다. 아니, 적어도 과학적 방식으로 접근할 수 있다. 스토리를 만드는 데는 명확하고 검증된 방법이 있다. 누구나 따를 수 있는 간단한 규칙과 지침도 있다. 이를 위한 모범 사례도 존재한다.

소설이나 영화 작가를 위해 이 모범 사례를 정의한 책도 있다. 지금 읽고 있는 이 책은 직장에서의 스토리텔링에 초점을 맞춰 관련 모범 사례를 재정의한 글이다.

이 책을 읽다 보면 스토리텔링은 누구나 사용할 수 있는 기술이라는 점에 안도하게 될 것이다. 타고난 스토리텔러나 위대한 작가, 카리스마 넘치는 발표자가 될 필요는 없다.

스토리텔링은 아주 간단한 6단계만 따라 하면 쉽게 적용할 수 있다. 이 단계를 나는 SUPERB(슈퍼브)라고 이름 붙였다. 이 6단계는 스토리 구성에도 활용할 수 있지만 프레젠테이션, 이메일, 연설문, 문자메시지, 심지어 시의회 연설에서부터 비즈니스 커뮤니케이션에 다양하게 활용할 수 있다.

요컨대, SUPERB는 모든 비즈니스 커뮤니케이션을 개선함으로써 당신의 영향력과 설득력, 판매술, 관리 능력, 리더십을 끌어올린다.

이 책을 읽는 법

각 장은 이전 장에서 배운 지식을 기반으로 설명하므로 순서대로 읽으면 이 책을 가장 효과적으로 활용할 수 있다. 하지만 SUPERB부터 익혀 자신만의 스토리를 만들고 싶다면 5장으로 바로 넘어가면 된다. 하지만 나중에로도 1장부터 4장까지 살펴보는 것이 SUPERB 활용도를 높이는 데 도움이 될 것이다.

이 책의 구성은 다음과 같다.

1장에서는 스토리텔링이 효과적인 이유에 대해 알아본다. 직장에서 다른 사람에게 영향을 미치고자 할 때 사용하는 가장 일반적인 방법인 논리적 주장과 스토리텔링을 비교, 대조하여 스토리텔링이 더 효과적인 이유를 명확히 설명한다. 또한 스토리텔링이 청중의 의사결정 과정과 어떻게 밀접히 연결되는지 설명한다. 논리적 주장과 기타 여러 가지 형태의 커뮤니케이션에 저항하는 사람들이 유독 스토리텔링에는 개방적이고 긍정적인 반응을 보이는 이유를 신경과학적, 심리학적 증거로 살펴본다. 스토리텔링의 이점을 활용하려면, 먼저 스토리가 무엇이고 어떻게 작동하는지 이해해야 한다.

2장에서는 아리스토텔레스 시대부터 지금까지 스토리에 대한 주요 이론과 정의를 분석한다. 오랜 세월에 걸쳐 시험대를 통과한 내러티브 형식과 함께 멀티미디어, 멀티플랫폼 속 수많은 선택지가 있는 환경에서 스토리의 개념을 새롭게 형성한 발전 과정에 대해 알아본다. 이후 무엇이 스토리를 만드는지, 더 중요하게는 무엇이 좋은 스토리를 만드는지에 대한 포괄적인 그림을 그릴 수 있을 것이다.

3장에서는 비즈니스에 가장 적합한 스토리텔링 기법을 소개한다. 또한 커뮤니케이션에 적합하지 않거나 피하는 것이 좋은 스토리텔링의 측면 몇 가지도 함께 언급한다. 스토리의 주인공이 누구여야 하는지, 중고등학교와 대학에서 좋은 점수를 받는 글쓰기 기법이 왜 비즈니스 환경에서는 전혀 통하지 않는지 설명한다.

4장에서는 비즈니스에서 효과적인 스토리텔링에 방해되는 요소를 살펴본다. 대표적으로 파워포인트를 들 수 있다. 당신이 애써 만든 장표가 왜 청중의 기억 속 남을 수 없는지, 그 결과 어떻게 설득력 없는 수단으로 전락했는지 구체적으로 알아본다. 파워포인트의 함정을 제대로 이해하면, 스토리텔링 헤드라인 같은 기술을 사용해 그 함정을 피해갈 수 있다. 헤드라인은 모든 커뮤니케이션의 스토리 구성에 훌륭한 도구다.

5장에서는 SUPERB 6단계 모델을 소개한다. 단계별 역할과 함께 이를 통해 청중과 공감대를 형성해 그들의 참여를 유도하는 효과적인 커뮤니케이션 방식을 언급한다. 빅데이터의 등장은 많은 비즈니스에 혁신을 가져왔다. 하지만 동시에 수많은, 끔찍한 커뮤니케이션을 촉발하기도 했다. 당신이 접한 최악의 자료 중에는 데이터로 꽉 찬 문서가 포함돼 있을 것이다. 아이러니하게도 데이터는 제대로만 활용하면 강력한 스토리를 전달하는 도구가 될 수 있다.

6장에서는 데이터에 숨겨진 스토리를 파악하는 수단으로서 SUPERB 모델이 어떻게 기능하는지 알아본다. 이와 함께 간단하지만 강력한 글쓰기 방법도 소개한다. 이 방법은 데이터에 익숙한 발표자가 그렇지 않은 청중의 관점에서 자료를 바라보고, 누구나 쉽게 이해할 수 있는 언어로 풀어냄으로써 청중과 더 명쾌하게 소통하도록 도을 것이다. 스토리텔링의 힘은 정서적 연결에 있다. 이 관점에서 스토리텔링의 기법과 구조를 알아본 후 스토리텔링의 전반적인 과정이 청중의 정서적 요구를 어떻게 충족하는지 구체적으로 살펴본다.

7장에서는 SUPERB 모델 뒤에 숨겨진 8가지 주요 감정 유발요인을 밝혀냄으로써 스토리텔링의 수준을 한 단계 끌어올리는 방법을 소개한다. 이는 청중이 회의가 잘 진행되었다거나 발표자와 함께 일해보고 싶다는 마음이 들거나 혹은 추구할 만한 아이디어를 발견했다는 마음이 들도록 하는 데 필요한 정서적 욕구를 나타낸다. 다른 관점에서 보면, 이 8가지 감정 욕구가 충족되지 않으면 회의가 좋지 않게 끝나거나 프레젠테이션이 중단되거나 문서가 폐기되거나 비즈니스 관계가 종료되는 결과로 이어질 수 있다. 이런 지식을 활용하면 원하는 감정적 효과를 유지하면서도 기본적인 스토리텔링 구조를 중심으로 스토리를 전개해나갈 수 있다.

　8장에서는 SUPERB 스토리텔링 모델을 다양한 비즈니스 용도에 맞게 적용하는 방법을 보여준다. 여기에는 연설, 프레젠테이션, 이메일, 문서 등이 포함되며, SUPERB 모델은 회의 구조 생성에도 적용할 수 있다. 이쯤 되면 스토리텔링에 대해 제법 많은 것을 알았을 것이다. 하지만 빈 종이, 빈 화면과 마주하기는 여전히 쉽지 않을 것이다.

　그래서 9장에서는 글쓰기에 타고난 소질이 없다고 생각하는 사람들을 위해 간략한 글쓰기 과정을 설명한다. 가장 흔히 저지르는 글쓰기 관련 실수를 피하고, 효과적인 글쓰기를 위한 방법을 제시한다.

　직급이 올라갈수록 각종 문서와 프레젠테이션 자료를 직접 작성할 뿐 아니라 다른 사람의 작업물을 검토해야 하는 경우도 점점 많아진다. 완벽한 초안이라며 자신만만하게 들고 온 팀원의 결과물을 마주할 때, 팀원의 자존심에 상처를 내지 않으면서 결과를 개선해야 하는 어려운 상황에 놓이게 된다. 9장에서는 다른 사람의 스토리를 편집하는 방법도 언급한다. 그들과 주관적이고 논쟁적인 대화를 나누기보다 명확한 목표에 따라 결과물을 비교할 수 있는 수정 모델 사용법을 소개한다.

10장에서는 당식이 기억해야 할 스토리에 대해 언급한다. 다양한 종류의 스토리를 들려달라는 요청을 받을 수 있다. 그런 스토리를 이해하고 나면 자기 인식을 통해 전략적 의사결정을 내리는 데 도움이 된다. SUPERB를 기반으로 개인의 성장 스토리, 회사 탄생 스토리, 변화 탐색 및 도전 극복 스토리 등에 생명을 불어넣는 방법을 소개한다.

이 책의 핵심인 SUPERB 스토리텔링 모델은 스토리텔링 원리에 대한 심층적인 분석을 바탕으로 스토리가 강력한 커뮤니케이션 형태인 이유를 밝힌다. 그리고 훌륭한 스토리를 전달하는 데 필요한 도구를 제공한다.

그러나 무엇보다 중요한 것은, 스토리를 효과적으로 전달하는 데 도움이 될 뿐 아니라 스토리에 힘을 부여하는 방법을 명확하게 제시한다는 점이다. 이는 모든 형태의 직장 내 커뮤니케이션에 적용할 수 있다. 애플은 '다르게 생각하라'라는 두 단어로 스토리텔링의 본질적인 힘을 끌어냈다.

이론적인 측면에서 보면, 이 책은 많은 비즈니스 커뮤니케이션이 실패하는 이유와 함께 사람들이 의사결정하는 방식, 그리고 스토리텔링이 의사결정에 영향을 미치는 가장 강력한 방법인 이유를 뚜렷하게 제시한다.

이 책에서 소개하는 스토리텔링 기법과 SUPERB는 연설문 작성에서부터 프레젠테이션 자료 구성부터 이메일 작성, 일상적인 대화까지 거의 모든 업무에 적용할 수 있다. 회사 차원에서 보면, 이 책의 내용은 투자금 조달을 위한 프레젠테이션과 함께 브랜드 인지도 제고 및 시장 점유율 개선을 위한 다양한 활동, 주주들에게 기업의 사명과 목적을 전달하는 데도 활용할 수 있다.

설득력과 영향력을 내포한 특징 덕분에 스토리텔링 역량은 개인과 조직에 가치를 더한다. 누구나 더 나은 스토리텔러가 되는 법을 배울 수 있으며, 한 번 배워두면 평생 써먹을 수 있다. 오늘날 비즈니스 환경의 변화 속도는 우리가 습득하는 많은 기술이 금세 쓸모없어질 수 있음을 의미한다. 하지만 인간의 본성은 변하지 않는다. 스토리텔링의 힘은 인간적인 유대감을 형성하는 능력에 있다. 스토리텔링은 수천 년 동안 사람들을 성공적으로 연결해 왔으며, 앞으로도 계속 그럴 것이다.

• 차례 •

머리말 — 세상에서 가장 강력한 사람 • 5

1장. 왜 당신은 설득에 실패했는가 • 27
    모든 일의 핵심은 설득이다 • 30
    그들은 당신의 논리에 관심이 없다 • 33
    당신의 논리가 먹히지 않는 이유 • 35
    설득하지 말고 이야기하라 • 38
    의사결정의 알고리즘 • 41
    스토리가 더 오래 기억된다 • 49

2장. 신화시대부터 이어온 스토리텔링 절대 법칙 • 55
    스토리=주인공+곤경+구출 시도 • 61
    천 개의 얼굴을 가진 영웅 • 68
    옛날 옛적에 • 74
    끌리는 스토리의 조건 • 77
    주인공의 성장 • 79
    악당을 사랑하게 만드는 법 • 82

3장. 직장인을 위한 스토리텔링 수업 • 89

시작, 중간, 결말을 설계하라 • 93
말이 아니라 행동을 촉구하라 • 96
퀘스트를 제시하라 • 99
문제/해결 구조를 구축하라 • 103
스토리 스파인 세우기 • 105
변화를 강조하라 • 106
그들의 이야기, 그들의 언어로 말하라 • 109
피해야 할 것1. 놀림과 폭로 • 113
피해야 할 것2. 맥락 없는 일화 • 115
피해야 할 것3. 혼자 떠들기 • 116

4장. 당신의 발표가 끌리지 않는 이유 • 123

발표는 왜 그렇게 어려울까? • 127
파워포인트 함정에서 벗어나라 • 129
제목부터 달라야 한다 • 136
스토리텔링의 적, 바로 나 • 138
속도를 줄여야 빨리 갈 수 있다 • 143

5장. SUPERB 설계법: 당신도 멋진 스토리를 만들 수 있다 • 147

    일터에 스토리텔링을 구체화하는 방법 • 154

    6단계 SUPERB 설계법 • 158

6장. 스토리에 맛을 더하는 데이터 활용법 • 181

    독이 될 수도 약이 될 수도 있는 데이터 • 184

    숫자에 가치 더하기 • 187

    데이터 기반 프레젠테이션의 3가지 유형 • 189

    착각하지 말자, 데이터는 조연일 뿐 • 191

    데이터에 SUPERB 적용하기 • 195

    올바른 도표 사용법 • 203

    데이터에 생명 불어넣기 • 205

7장. 스토리텔러의 생각법 • 211

    스토리텔러의 사고 습관 • 214

    회사는 스토리텔링 학교 • 219

    스토리텔링 구조는 회의 진행에도 도움이 된다 • 227

8장. 감정적 여정: 청중을 사로잡아라 • 233
　공감에 대한 욕구 • 239
　정서적 연결에 대한 욕구 • 251
　구조화에 대한 욕구 • 253
　자극에 대한 욕구 • 258
　안전에 대한 욕구 • 260
　지원에 대한 욕구 • 261

9장. 작가들의 영업 비밀 • 263
　아날로그: 종이와 펜으로 시작하자 • 268
　이해하기: 청중이 무엇을 원하는지 이해하자 • 274
　말하기: 말하듯 쓴다 • 277
　헤드라인: 제목부터 정한다 • 279
　한 가지: 요점은 한 가지로 족하다 • 280
　다시쓰기: 글은 다시 쓰는 것임을 기억하자 • 282
　협업을 위한 조언 • 284
　글쓰기에 적합한 시간과 장소 찾기 • 286

10장. '나'라는 스토리를 찾아서 • 289

이제 여러분의 차례다 • 293
나는 누구인가? • 294
나를 찾아가는 질문들 • 296
가장 어려운 스토리를 전달하는 방법 • 300
탄생 스토리 • 305
미션 스토리 • 308
도전 극복 스토리 • 310
변화 탐색 스토리 • 312
가치 스토리 • 315

맺음말 – 최고의 스토리는 늘 이긴다 • 319

1장

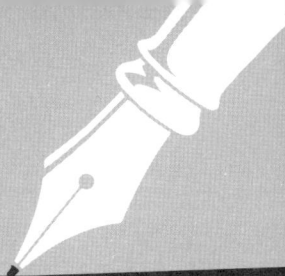

왜 당신은 설득에 실패했는가

인간의 뇌는 본능적으로 사실과 수치를 좋아하지 않는다. 물론 뇌는 논리적 추론이 가능하고, 매우 능숙하기까지 하다. 하지만 여기엔 품이 많이 든다. 그래서 우리 대부분은 강력한 동기(예를 들어 공과금을 납부하기 위해 돈을 벌어야 하는 상황)가 없으면 되도록 논리적 추론에 큰 힘을 쏟고 싶어 하지 않는다.

반면, 스토리는 쉽게 다가온다. 자연스레 스며들어 어느새 내 것이 된다. 이 과정엔 전혀 힘이 들지 않는다.

회사에서 각종 문서나 슬라이드 자료를 받아들 때면 내심 분량이 적어서 최대한 빠르게 요점 파악이 가능하길 바란다. 하지만 범죄소설의 대가 리 차일드나 추리소설 작가 아가사 크리스티의 팬들은 이들이 너무 많은 책을 썼다고, 그 많은 책을 언제 다 읽냐고 불평하지 않는다. 오히려 더 많은 작품을 남겼으면 좋았을 것이라고 아쉬워한다.

잠깐, 이건 공정한 비교가 아니라고 생각할 수도 있다. 그런 소설은 재미를 위한 오락물이니 말이다. 정확하게 짚었다. 스토리는 본래 재미를 추구한다. 스토리의 형태는 우리 뇌가 좋아하는 것을 제공하도록 수천 년 동안 진화해왔다. 따라서 스토리는 우리에게 호기심과 즐거움을 선사한다.

그렇다고 직장에서 성공하려면 온종일 스토리를 들려줘야 한다는 건 아니다. 스토리가 왜 효과적인지, 우리 뇌가 왜 스토리를 좋아하는지 이해하고 나아가 스토리텔링의 강력한 요소를 내일에 적용한다면 비즈니스 커뮤니케이션 역량이 한층 개선될 것이라는 의미다.

결정적으로 재미(당연하지만 재미가 주된 목표는 아니다)와 함께 설득력까지 갖춘 커뮤니케이션 역량을 갖게 될 것이다.

모든 일의 핵심은 설득이다

설득은 비즈니스에서 거의 모든 사람에게 필요한 핵심 기술이다. 첫 직장을 구하는 청년은 면접관이나 심사위원이 수백 명의 다른 지원자를 제치고 자신을 선택하도록 설득해야 한다. 경력 사다리에서 이들과 정반대의 위치에 있는 최고경영책임자 역시 마찬가지다. 좀 더 포용적인 관행을 채택하거나 재택근무나 고용유연화 등 업무수행 방식을 근본적으로 바꾸려면 수천 명의 직원을 설득해야 한다.

구직자에서부터 CEO에 이르기까지 모든 직원의 일상에는 중요한 설득의 순간이 뒤따른다. 여기에는 결정에 대한 동의를 얻는 일, 중요한 현금흐름 유지를 위해 대금을 제때 지급하도록 고객을 설득하는 일, 내 이메일 업무요청을 다른 수십 개의 업무요청보다 먼저 처리해주어야 한다고 동료를 설득하는 일 등이 포함된다. 설득에 능할수록 우리의 하루는 더 순조롭게 흘러간다.

1995년 논문에서 경제학자 디어드리 맥클로스키와 아르요 클라머는 미국 전체 경제활동에서 설득의 비중이 최대 25%에 달한다고 언급했다. 이들은 경제학자 아담 스미스의 말, "우리는 모두 평생에 걸쳐 다른 사람을 설득한다"를 인용하며 한 개인이 평생 설득에 얼마나 많은 시간을 할애하는지 혹은 적어도 각 산업의 생산량에서 얼마나 큰 비중을 차지하는지를 계산하는 작업에 착수했다. 이들의 작업은 분석이라고 부르는 게 맞을까, 아니면 추정이라고 해야 할까?

한 가지 확실한 건, 결과치는 어림값이라는 것이다. 연구 결과 이들은 홍보전문가의 업무에서 설득이 차지하는 비중을 100%로 평가했는데, 이는 논란의 여지가 없어 보인다. 기자와 편집자의 경우 설득의 비중을 75%로 어림했는데, 이 역시 합리적인 수치로 보인다. 이와 함께 주식시장은 거의 모든 것이 설득에 기반한다고 평가했다.

주식시장에서 오가는 대화는 경제에서 설득이 작용하는 또 다른 예다. 포트폴리오 매니저는 매수나 매도 결정을 위해 수시로 대화한다. 주식 중개인은 고객과 끊임없이 이야기를 나눈다. 기술분석가는 주식 중개인이 마땅히 해야 할 생각을 추측하는 데 하루를 보낸다. 기자는 월가에서 오가는 대화를 보도한다. 그리고 이들의 보도는 주식 중개인들 사이에, 주식 중개인과 고객 사이에, 그리고 고객들 사이에서 오가는 이야기에 영양분을 공급한다. 월가는 이 모든 이야기로 시끌벅적하고, 이를 보도하는 신문으로 넘쳐난다.

그로부터 25년 후, 맥클로스키와 클라머의 연구를 지지해온 호주 재무부 세금부서 책임자 제리 안티오크는 해당 수치를 다시 계산해봤다. 그러자 미국 경제에서 설득이 차지하는 비중은 이전보다 더 커졌음(29%)을 확인했다. 소셜미디어의 성장으로 기업과 고객 간 그리고 기업과 기업 간에 발생하는 커뮤니케이션이 훨씬 더 복잡해지면서 이 수치는 계속 증가할 것으로 예상된다.

내가 원하는 시기와 방법에 맞추어 상대방이 그것을 하도록 설득하는 데 능할수록 우리 삶은 더 성공적일 것이다. 그렇다면 어떻게 해야 사람들을 설득하는 데 능숙해질 수 있을까? 이를 위해서는 먼저 우리가 상대방을 설득할 때 흔히 사용하는 기본적인 방법, 즉 합리적인 이유를 제시하고 논리적으로 주장하는 것이 그리 효과적이지 않다는 점을 깨달아야 한다. 사실, 여기에는 심각한 결함이 있다.

그들은 당신의 논리에 관심이 없다

우리는 누군가에게 무엇을 하도록 설득하려면, 그 일을 해야 할 '합당한' 이유를 제시하는 것이 가장 효과적인 방법이라고 생각한다. 한 가지 이유로 설득되지 않으면 여러 가지 이유를 내놓기도 한다. 이는 너무나 당연해 보여서 대부분 사람은 여기에 의문을 제기하지 않는다.

그러나 엄밀히 말하면, 의문을 제기하지 않는다는 건 사실이 아니다. 당신이 특정 상황에서 우월한 지위나 권력을 가진 사람이라면, '내가 시킨 일이니까 하라'라는 식의 강압이 누군가를 설득하는 가장 효과적인 방법임을 잘 알고 있을 것이다.

하지만 대부분의 경우 우리는 그런 우월한 지위에 있지 않다. 그리고 많은 문화와 조직에서 권력에 기반한 관리 및 리더십 기법은 이미 사라졌거나 점차 사라지고 있다. 심지어 이 같은 방식으로 여전히 권력이 행사되는, 좀 더 공식적이고 위계적인 조직에서조차 이런 방식은 이상적 접근법이 아니라는 것을 모두가 마음속 깊이 알고 있다. 강압은 단기적으로는 순응을 끌어낼 수 있을지 몰라도 장기적으로는 엄청난 저항을 불러일으키기 때문이다.

그래서 우리 대부분은 설득의 주요 도구로 논리적 주장을 활용한다. 이를테면 이런 식이다.

> 나는 당신이 어떤 일을 하길 바라며, 그렇게 해야 하는 매우 합당한 이유가 있다(그래도 설득이 안 되면 다른 이유를 더 제시할 수 있다)."

이걸로 설득이 가능할까? 논리적 근거 제시는 누군가를 설득하는 최고의 수단이 아니다. 이 방법은 종종 효과를 내지 못한다.

직장에서 전혀 이해되지 않는 결정을 내리는 상사를 본 적이 있는가? 물론 있을 것이다. 우리 모두 그런 경험을 한다. 아무리 내가 논리적 이유와 근거를 제시해도 그런 상사가 있다. 그것도 꽤 많이.

데이터, 사례, 고객 피드백, 고객 추천 등 세상의 모든 논리가 그것이 마땅히 해야 할 일임을 증명했음에도 불구하고 누군가 당신의 지시를 거절한 적이 있는가? 이 역시 그럴 수 있다. 이런 일은 늘 일어난다.

논리적 근거를 활용한 접근법은 때로 완전히 실패하는데,

이 경우 스토리텔링이 훨씬 더 효과적일 수 있다. 논리적 주장은 사람들을 우리에게서 멀어지게 하는 반면, 스토리텔링은 사람들을 더 가까이 끌어들이기 때문이다.

당신의 논리가 먹히지 않는 이유

기본적으로 누군가를 설득하기 위해 논리적 주장을 시도하면 상대방은 즉시 방어에 나선다.

이 같은 방어는 여러 가지 형태로 나타난다. 우선, 당신은 논리적 주장을 펼치는 과정에서 필연적으로 특정 단어를 선택하게 되는데, 이때 대화나 글로 당신을 마주하는 모든 사람은 그 단어에 자신만의 의미를 부여한다. 다소 이상하게 들릴 수 있지만, 단어는 사람마다 전혀 다른 의미를 갖는다.

잠재고객에게 새로운 제품을 판매한다고 생각해보자. 해당 제품은 고객의 사업 판도를 바꿀 새롭고 흥미로운 혁신이므로 당신은 고객이 이 제품을 채택할 것으로 확신한다. 게다가 혁신이 너무나 흥미롭다고 생각해 몇 가지 논리적 근거를 덧붙인다.

하지만 당신이 대화 중인 잠재고객은 이제 막 끝난 회의에서 상사로부터 앞서 저지른 실수에 대한 질책을 받고, 회사는 위험을 감수하는 사람을 좋아하지 않는다는 말을 들었으며, 한 번만 더 중대한 실수를 하면 해고를 각오하라는 경고까지 들은 상태다.

당신은 제품의 특정 기능을 소개하면서 그 기능이 새롭고, 혁신적이며, 흥미롭고, 시대를 앞서가며, 판도를 바꿀 만한 기술에 기반한다고 설명할 때면 사람들은 이를 '새롭다' '혁신적이다' '흥미롭다' '시대를 앞서간다' '판도를 바꿀 만하다'라고 받아들이기보다 '시도된 적이 없다' '검증되지 않았다' '매우 위험하다' '몹시 무모한 선택이다' '잠재적으로 경력에 치명적이다'라고 해석한다.

당신이 설득하려고 하면 할수록 상대방은 점점 더 멀어질 뿐이다. 주장을 뒷받침하기 위해 근거를 제시하면 할수록 상대방은 당신이 제시하는 어리석고 위험한 생각이 자신과는 아무런 관련이 없다고 생각하게 된다.

이런 상황에서 주장에는 잘못된 것이 없고, 잠재고객은 동조도 반론도 하지 않는다. 하지만 당신의 주장은 매우 효과적으로 주장 자체를 무너뜨린다. 이는 극단적인 예일 수 있지만, 모든 대화에서 같은 원칙이 적용된다. 당신이 사용하는 단어가 상대방에게 주는 의미나 감정적 영향은 내 자신에게 미치는 것과 다를 수 있다. 또 경우에 따라 당신이 기대하는 것과 정반대일 수 있다.

이에 더해 상대방이 당신의 주장에 동의하지 않는 상황에서 특정 방향으로 유도당했다는 것을 눈치채면, 상대방은 당신에게 동조하려 들지 않을 것이다.

아무리 논리적인 주장이라도 그 힘이 약화하는 이 같은 현상은 미국의 심리학자 잭 브렘이 '심리적 반발'이라는 개념으로 처음 명문화했다. 이 개념의 핵심은, 자유를 잃어버렸을 때는 그것을 되찾으려는 동기가, 자유가 위협받을 때는 그것을 지키려는 동기가 생겨난다는 것이다.

다른 사람이 우리에게 뭔가를 하도록 설득하면, 우리는 이를 자유에 대한 위협으로 인식한다. 우리는 모두 자신에게 주어진 일정한 선택지가 있다고 믿는다. 그런데 누군가 나서 그중 한 가지를 선택하도록 유도하면, 우리는 다른 선택지를 추구할 자유를 뺏긴다고 생각하고 이를 반기지 않는다. 따라서 그런 상황을 막고자 노력한다.

이 같은 반발은 매우 강력하며, 설득을 위한 메시지의 강도와 통제력이 세질수록 반발도 더 심해진다. 아이러니하게도 주장이 강할수록, 그리고 그 주장의 논리적 근거가 탄탄하다는 생각에 열정적으로 전달할수록 오히려 더 강한 반발이 생겨난다.

프레젠테이션에서 핵심 메시지를 성공적으로 전달할 때마다 오히려 청중의 방어력은 높아지고 발표자에게 동의하지 않을 확률도 커진다. 소셜미디어를 잠시만 들여다봐도 이런 현상이 실제로 일어나고 있음을 알 수 있다.

물론 소셜미디어에서 폭언을 퍼붓는 극단주의자들은 업무회의에서 마주치는 동료들과는 다를 수 있다. 그러나 적용되는 기본 원칙은 같다. 당신이 논리적 근거를 더 많이 제시할수록 상대방은 플랜B에 찬성하는 논리적 근거를 더 많이 생각해낼 것이다. 또 변화의 필요성을 강하게 언급할수록 상대방은 모든 것을 그대로 두어야 한다는 믿음이 더 확고해질 것이다.

지적인 사람들을 대상으로 프레젠테이션을 하거나 토론회를 열면, 발표자는 그들이 자신의 의견에 조금 더 쉽게 마음을 열 것으로 믿는다. 하지만 관련 연구에 따르면, 지적인 사람일수록 마음을 바꾸도록 설득하는 게 더 어렵다. 똑똑한 사람들은 심리적 반발에 비교적 능숙하다. 이들은 반론을 쉽게 제기한다. 반대 의견 제시에 어떤 데이터가 필요한지 잘 알고 있다. 또 민첩하고 영리하게 반응한다.

그렇다면 심리적 반발은 어떻게 극복할 수 있을까? 사람들의 방어를 어떻게 우회할 수 있을까? 그 해답은 바로 스토리텔링에 있다. 스토리텔링은 논리를 넘어 감정의 세계로 진입하기 때문이다.

설득하지 말고 이야기하라

옥시토신은 '포옹 호르몬'이라고도 불린다. 이것은 신뢰나 친절, 사랑을 느낄 때 분비되는 신경화학물질이다. 옥시토신이 분비된다는 건 우리가 안전하며, 상대방에게 다가가 함께 있어도 괜찮다는 신호다. 옥시토신은 협력을 촉진하고 공감 능력을 높여준다.

옥시토신은 사회적 유대감이 형성되거나 성행위를 할 때, 출산 직후에, 그리고 모유 수유로 엄마와 아기의 유대감이 생겨날 때 혈류로 방출된다. 이것만 봐도 옥시토신이 얼마나 강력한지, 얼마나 긍정적인 감정을 불러일으키는지 알 수 있다.

그런데 옥시토신은 이야기를 듣거나 읽을 때도 혈류로 방출된다. 따라서 스토리텔링은 상대방이 좀 더 개방적이고 수용적이며, 신뢰하고, 환영하게 만드는 직접적인 방법인 셈이다.

그렇다면 스토리텔링은 왜 우리 몸이 직접적으로 반응할 만큼 강하고, 긍정적인 감정을 불러일으키는 것일까? 이것은 아마도 우리의 기원, 즉 개인과 종으로서의 시작과 관련이 있을 것이다. 우리 각자의 삶에서 이야기는 매우 중요한 역할을 한다. 물론 모두가 행복한 어린 시절을 보내는 건 아니지만, 대부분의 사람에게 있어 이야기를 듣는 순간은 사랑과 보살핌을 받으며 즐거움을 느꼈던 어린 시절 기억을 떠올리게 한다. 이때는 부모나 다른 보호자와 유대감을 형성하는 중요한 시기다.

자, 이제 그 안전하고 따뜻하며 사랑이 넘치던 순간과 논리적 이유에 따라 뭔가를 해야만 하던 순간을 비교해보자. 후자는 어땠는가?

어린 시절, 뭔가를 해야 한다는 논리적 이유를 들었던 순간은 십중팔구 원치 않는 일을 곧바로 하라는 지시를 받았을 때 또는 조만간 하라는 지시였을 것이다.

이처럼 해야만 하는 이유가 주어진 순간은 언제일까? 부모나 보호자가 아이스크림을 사주거나 좋아하는 TV 프로그램을 보여주거나 공원 놀이터에 가서 놀자고 제안했다면, 그 일을 해야 하는 이유까지 제시했을 가능성은 거의 없다.

부모가 자녀의 의지에 반하는 일을 하도록 하고자 설득할 때, 예를 들어 자녀가 원치 않는 친척 집 방문이 예정돼 있을 때만 이유와 논거가 작동한다. 이를테면 이런 식이다. "그 집에는 네가 놀 수 있는 멋진 정원이 있잖아." "네가 좋아했던 그 초콜릿 케이크 아마 이번에도 사라 이모가 가져올 거야." "거기서 얌전히 있으면, 오늘 밤 늦게까지 놀 수 있어."

다시 말해, 우리는 아주 어렸을 때 이미 누군가 어떤 일을 해야 하는 이유를 제시하면, 그것은 우리가 원치 않는 일이기 때문이라는 걸 배우는 셈이다. 누군가 우리에게 어떤 일을 해야 하는 논리적 이유를 제시한다는 건, 그 일이 그 사람에게는 이익이 되지만 우리에겐 이익이 되지 않는다는 뜻이다.

파워포인트를 활용한 프레젠테이션에서 논리적 이유를 나열하며 주장을 펼치고 싶다면? 다시 한번 생각해보자. 이런 방식은 당신이 무엇을 제안하든 청중은 거기에 동조하지 않겠다는 뿌리 깊은 본능을 불러올 뿐이다. 논쟁과 싸움의 기억을 소환하기 때문이다.

그렇다면 어떤 방식이 도움이 될까?

스토리텔링이 논리적 근거 제시보다 효과적인 주된 이유

중 하나는 청중을 밀어내는 대신 끌어당기기 때문이다. 불쾌한 기억보다는 애정 어린 기억으로 청중의 마음을 채운다. 스토리텔링은 사람들이 의사결정하는 방식과도 밀접한 관련이 있다.

의사결정의 알고리즘

업무와 관련해 고객과 커뮤니케이션을 효과적으로 하려면 콘텐츠를 제시하는 것만으로는 충분하지 않다. 해당 콘텐츠를 고객이 어떻게 읽고 듣는지, 결정적으로 어떻게 의사결정하는지에 대해 생각하는 것도 중요하다.

다른 사람의 의사결정에 영향을 미치려면 그 결정이 어떻게 이뤄지는지 고려해야 한다. 이때 스토리텔링을 활용하면 논리적 주장을 바탕으로 커뮤니케이션을 할 때보다 고객의 의사결정 과정에 더 깊이 관여할 수 있다.

사람들은 논리보다는 감정적 반응에 따라 결정한다. 그래서 사람들을 설득하고, 그들에게 영향을 미치고 영감을 주어 그들을 변화시키려면 반드시 감정적 연결 고리를 만들어야 한다. 스토리텔링은 이를 위한 매우 효과적인 수단이다.

바로 앞에서 언급한 부분에 대해 이의를 제기하는 사람이 있을 것이다. 감정에 따라 결정을 한다는 것에 선뜻 동의하지 않을 수 있다. 사람에 따라 그럴 수도, 그렇지 않을 수도 있다. 물론 당신은 똑똑하고, 이성적이며, 분석적 사고를 하는 사람이기에 각종 데이터를 신중하게 분석해 합당한 이유에 따라 결정을 내릴 것이다.

하지만 신경과학은 인간이 그렇지 않다고 설명한다. 대부분 사람은 자신이 이성적이고 논리적인 이유로 의사결정을 한다고 믿지만, 실제로는 그렇지 않다. 우리는 감정에 따라 의사결정을 하고, 그 결정을 뒷받침할 논리적 근거를 찾기 위해 주위를 둘러본다. 다른 사람에게 의사결정에 관해 설명하거나 스스로 정당화할 때 논리적 근거를 찾기도 하지만, 그것이 처음에 결정을 내리게 된 계기는 아니다.

단언컨대, 감정이 단순히 우리의 의사결정에 영향을 미친다고 말하려는 게 아니다. 그보다 훨씬 더 극단적이다. 감정이 없으면 의사결정 자체를 할 수 없다.

이는 비교적 최근에 밝혀진 사실로 아직은 널리 알려지지 않았다. 그래서 감정이 제대로 된 의사결정을 방해한다고 믿어 온 이들에게는 매우 반직관적인 개념일 수 있다. 여전히 많은 조직에서 '감정을 배제하라'라고 훈계하며, 이는 뿌리 깊은 통념으로 자리 잡고 있다.

그러나 감정을 배제하는 건 나쁜 생각일 뿐 아니라 불가능하다.

신경과학자 안토니오 다마시오는 이와 관련해 '엘리엇(가명)'이라는 환자를 대상으로 광범위한 연구를 진행했다. 엘리엇은 뇌의 감정 중추가 손상되어 감정을 느끼는 능력을 상실한 환자였다. 그러나 그의 지능지수IQ는 그대로 유지되었고, 논리적이고 이성적인 주장을 완벽하게 이해하고 개진할 수 있었다. 또 찬성과 반대의 관점에서 각각 다양한 논거를 제시하기도 했다.

그는 모든 증거를 종합해 의견을 정리할 수도 있었다. 하지만 결정을 내릴 수는 없었다. 특정 의사결정이 옳다는 증거가 압도적으로 많았음에도 불구하고 그는 여전히 그 결정을 선택할 수 없었다. 이 연구가 시사하는 바는 무엇일까? 논리적으로 아무리 명백한 결정이라고 해도 감정이 없으면 인간은 어떤 의사결정도 할 수 없다는 것이다.

그렇다면 우리의 의사결정이 올바른지 어떻게 알 수 있을까? 스스로 옳다고 느껴야 한다.

엘리엇의 사례는 A가 정답처럼 느껴지지 않는다면, 아무리 훌륭한 논리가 있어도 B 대신 A를 선택할 수 없음을 말한다.

이처럼 엘리엇의 사례는 감정은 의사결정의 중요한 첫 단계로 의사결정을 가능케 하는 촉매제임을 극명하게 보여준다. 다른 연구에서도 우리의 의사결정을 이끄는 것은 논리적 사고가 아닌 감정이라는 사실이 분명하게 밝혀졌다.

아이오와 도박 실험을 살펴보자. 앙투안 베카라 아이오와대학교 의과대학 신경과 교수는 안토니오 다마시오를 포함해 여러 동료와 함께 이 실험을 진행했다. 참가자들은 컴퓨터 화면에 나타난 카드 네 더미 중 하나를 골라 카드를 뽑는다(가상의 돈을 사용). 이 중 두 개 더미는 위험이 낮아 매번 작은 이익을 주지만 손실은 거의 없다. 나머지 두 개 더미는 위험이 높아 가끔 큰 이익을 주지만 대체로 큰 손실을 가져온다. 장기적으로는 안전한 카드 더미를 고르는 것이 더 유리하다.

실험 결과, 참가자들은 약 50장의 카드를 뽑은 뒤부터 서서히 안전한 두 더미를 선택하기 시작했다. 그러나 이 선택의 이유를 명확히 설명할 수 있는 사람은 거의 없었고, 보통 80장 정도 뽑고 나서야 자신이 왜 그 두 더미를 고르고 있는지 논리적으로 이해할 수 있었다.

연구진은 또 다른 실험에서 참가자의 피부 전기 반응(갈바닉 피부 반응)을 측정했다. 흥미롭게도 참가자들은 단 10장 정도만 뽑은 시점부터 위험한 더미에 손을 뻗을 때 무의식적 스트레스 반응을 보였다. 즉, 논리적으로 알기 전부터 몸이 먼저 위험을 감지하고 있었다는 사실이 밝혀졌다.

따라서 특정 두 곳을 피해야겠다고 결정하게 만든 감정은 카드 10장을 뽑았을 때 작동한 셈이다. 그러나 감정적 신호에 반응해 결정을 내리기까지 50장의 카드가 필요했고, 그 결정을 내린 논리적 '이유'를 이해하기까지 30장의 카드가 더 필요했다. 필자가 이유를 작은따옴표 안에 넣은 것은 결정을 내리고 나서 그 결정의 논리적 이유를 구성한다면 그것은 결정의 근거로 볼 수 없기 때문이다. 안전하지 않은 두 곳을 선택하지 않기로 의사 결정하는 것은 참가자 스스로 뭔가 잘못됐음을 느끼고 그것이 불안과 스트레스를 유발하기 때문이지 사후에 만들어내 '이유'가 아니다. 뭔가 잘못됐다고 느끼게 된 이유는 훨씬 나중에 밝혀진다.

자, 그렇다면 논리적 요인은 의사결정에 영향을 미칠까? 그렇다. 하지만 그것이 의사결정을 주도하는가? 아니다. 의사결정은 감정이 주도한다.

상대방을 설득해 의사결정을 하게 만들려면, 근본적으로 감정에 기반한 의사결정 과정에 주목해야 한다. 또 논리적인 대화뿐 아니라 감정적인 대화도 해야 한다.

사람들은 자신의 의사결정 과정을 논리적으로 설명하는 것을 좋아하기 때문에 감정적 요소와 함께 논리적 근거도 여전히 필요하다. 하지만 본질적으로 이런 근거는 결정이 내려진 후 수정되기 마련이다. 안타깝게도 이 점은 잘 알려지지 않았다. 그 이유는 무엇일까? 논리적 사고는 우리 자신을 설득하기 위해 열심히 일하고 있기 때문이다(지금, 이 순간에도 논리적 사고는 자신의 우위가 위협받을 수 있다는 사실에 놀라 이 모든 것이 말도 안 된다는 설명의 당신의 머릿속에 속삭이고 있을 것이다).

아이오와 도박 실험에서 알 수 있듯, 논리적, 이성적 사고의 과정은 감정적 의사결정 과정보다 훨씬 더 오래 걸린다. 하지만 일단 논리적 사고가 전면에 등장하고 나면, 그것은 의사결정에 대한 책임을 주장한다.

프로젝트 최종 회의에만 참석하고 모든 공은 자신이 가로

채는 상사처럼, 논리적 사고는 자신을 의사결정의 핵심 동력이라고 주장한다. 논리적 사고는 우리가 결정한 일에 대한 공로를 자신이 가져가려는 욕구가 너무 강해서 명백히 아닌 경우에도 마치 그런 것처럼 행동한다.

캘리포니아대학교 산타바바라 캠퍼스 심리학과 마이클 가자니가 교수는 의사결정의 이유를 제대로 모를 때조차 그 이유를 제시하려는 인간의 욕구가 얼마나 강한지 입증했다. 가자니가는 훗날 노벨상을 받은 신경심리학자 로저 스페리와 대학원 시절 함께 수행한 연구를 바탕으로 뇌의 좌반구와 우반구가 분리된 참가자를 대상으로 연구를 진행했다. 이는 곧, 실험 참가자의 우반구에 사진을 보여주면 좌반구는 우반구가 본 것을 표현할 수 없음을 의미했다.

대표적인 사례로 눈 내리는 겨울 풍경을 우반구에 보여준 다음 방금 본 것과 관련된 카드를 가리키도록 요청했다. 그러자 참가자는 삽 이미지를 가리켰다. 그러나 왜 삽을 선택했는지 설명해달라는 질문에는 제대로 답하지 못했다. 좌반구는 겨울 풍경을 본 적이 없었으므로 그것을 봤다는 사실을 '알지' 못했기 때문이다.

그렇다면 이들은 그저 어깨를 으쓱하며 "모르겠어요"라고 말했을까? 전혀 아니었다. 각각의 경우 실험 참가자의 좌반구는 그럴듯한 이유를 만들어냈다. 지극히 합리적이고 이성적인 근거를 바탕으로 삽 카드를 가리킨 이유를 설명했다. 하지만 설경을 본 것과는 아무런 관련이 없었다.

비슷한 연구에서 실험 참가자의 우반구에는 방 밖에 있는 식수대에 가서 물을 마시라는 메시지가 주어졌다. 이들이 일어나서 문으로 향하자 연구팀은 "어디 가세요?"라고 물었다. 좌반구는 식수대는 물론 물을 마실 수 있다는 사실도 전혀 몰랐다. 하지만 이번에도 이들은 "모르겠는데요"라고 답하지 않았다. 자신이 일어서 방문으로 향한 것에는 분명 이유가 있을 것으로 생각했고, 또다시 그럴듯한 이유를 만들어냈다(자신이 그렇게 하고 있다는 사실을 인지하지 못했다). 좌반구는 합리적인 이유를 생각해냈다. 이를테면 "추워서 코트를 가지러 가요"라는 식이었다.

가자니가와 동료 조셉 르두는 이 같은 뇌의 기능을 두고 '통역사'로 지칭했다. 통역사의 임무는 실제로 존재하지 않는 논리적 이유를 만들어내는 것이다.

이에 대해 가자니가는 『뇌, 인간의 지도Tales from Both Sides of the Brain』에서 다음과 같이 설명했다.

> 우리 뇌의 통역사는 메모만 하는 데서 그치지 않고, 일련의 행동이 왜 발생했는지에 대한 내러티브를 계속해서 만들어냄으로써 그 행동에서 '의미'를 찾고자 노력한다. 매우 귀중한 이 기능은 인간 고유의 것일 가능성이 크다. 이 같은 기능은 우리가 뭔가를 좋아하거나 특정 의견을 가진 이유를 설명할 때 혹은 자신의 행동을 합리화하려고 할 때 늘 작동

한다. 모듈화되고 자동화된 우리 뇌에 뭔가가 입력되면, 혼돈으로부터 질서를 만들어내는 것이다.

가자니가는 이렇게 결론 내렸다. "좋은 시도였어요, 통역사님!"

우리 뇌의 작동 방식에 관한 연구는 이제 겨우 걸음마 단계이므로 아직은 의사결정이 어떻게 이루어지는지 정확히 안다고 할 수는 없다. 하지만 위와 같은 연구는, 인간은 자신의 결정이 합리적이지 않더라도 합리적으로 보이기를 좋아하며 명백히 옳지 않은 행동조차 논리적인 이유를 제시하고 그것이 옳다는 것을 절대적으로 확신함을 보여준다.

누군가 당신의 의견에 동의하지 않는 이유를 설명할 때, 그들이 제시하는 이유는 부분적으로 사실일 수도 있다. 하지만 이 역시 감정에 따라 내린 결정에 대한 사후 합리화를 포함할 가능성이 크다.

당신이 만약 대표나 성공한 기업가라면, 때로 "이건 아닌 것 같아요"라는 발언이 괜찮을 수 있다. 하지만 나머지 사람들은 자신의 결정을 뒷받침할 논리적 근거를 제시해야 한다고 강하게 생각한다. 이때 우리 뇌의 통역사가 행동에 나선다.

따라서 상대방과 효과적으로 소통하려면 우리가 하는 말이 단순히 앞뒤가 맞는다는 걸 넘어 옳다고 느끼게 만들어야 한다.

스토리텔링은 논리적 주장보다 상대방의 참여를 더 깊게

유도하고, 의사결정 과정에 더 밀접하게 관여한다. 그런데 이것 말고 또 다른 큰 장점이 있다. 이런저런 이유를 제시하며 설득하려고 하면, 상대방은 그 이유를 금세 잊어버리곤 한다. 하지만 스토리텔링을 사용하면 상대방은 당신이 말한 내용을 훨씬 더 오래 기억할 수 있다.

스토리가 더 오래 기억된다

사실보다 스토리가 더 기억에 오래 남는다는 건 누구나 알고 있다. 하지만 정확히 얼마나 더 오래 남는지에 대해서는 논쟁이 있다. 구글Google에 검색해보면, 스토리가 사실보다 22배 더 오래 기억에 남는다는 주장이 반복해서 등장한다. 하지만 이는 입증하기 어려운 '인터넷 사실'이다. 이 같은 사실은 인지 심리학자 제롬 브루너가 주장한 것으로 알려졌지만, 그는 그런 말을 한 적이 없었다. 브루너가 언급한 내용은 다음과 같다.

> 한 세기에 걸친 집중적인 연구 끝에 인간의 기억에 대해 말할 수 있는 기본적인 사실은, 세부적인 내용은 구조화된 패턴에 배치돼 있지 않으면 빠르게 잊힌다는 것이다.
>
> ─『교육의 진화 The Process of Education』

브루너는 인간을 '스토리를 전하는 생물'로 묘사하며 광범위한 연구를 통해 인간은 '자신의 경험을 내러티브 형태로 바꾸고, 이를 다시 플롯 구조로 조직하려는 성향'을 갖고 있다고 결론지었다. 따라서 커뮤니케이션을 스토리텔링이나 내러티브 형태로 구성한다면, 상대방은 좀 더 쉽게 동화될 수 있다.

브루너는 이를 수치로 제시하지 않았지만, 다른 연구자들은 수치화를 시도했다. 1969년 스탠퍼드대학교 연구팀은 학생들을 대상으로 12개의 단어를 기억하는 능력을 테스트했다. 학생 절반에게는 단순히 단어를 암기하라고 지시했고, 나머지 절반에게는 각자 스토리를 만들어 12개의 단어를 배치한 뒤 단어를 기억하라고 요청했다.

스토리를 만든 학생 중 93%는 이후 모든 단어를 기억했지만, 단순히 단어만 기억한 경우 전체의 13% 학생만 모든 단어를 기억했다. 이는 스토리가 사실보다 7배 더 기억에 오래 남을 수 있음을 시사한다. 22배까지는 아니었지만, 상당한 차이를 보인 셈이다.

칩 히스와 댄 히스 형제는 공저한 책 『스틱Made to Stick』에서 위 실험과 비슷한 주제로 진행한 연구에 대해 언급한다. 해당 연구 역시 스탠퍼드대학교 학생들을 대상으로 수행되었으나 좀 더 체계적이었고, 프레젠테이션을 통해 사실이 전달되었다는 점에서 비즈니스 환경과 유사했다. 프레젠테이션이 끝나고 10분 뒤, 통계 수치 위주의 일반적인 프레젠테이션에서는 청중의 5%만이 개별 수치를 기억해냈다. 하지만 스토리 형식의 프레젠테이션에서는 청중의 3분의 2가 세부 사항을 기억해냈다.

슈퍼마켓에 가서 식료품 12가지를 사 오라는 요청을 받았을 때, 적어두지 않으면 몇 가지는 잊어버리기 쉽다. 하지만 레시피를 토대로 좋아하는 음식을 만들기 위해 12가지 재료를 사러 간다면 기억하는 데 크게 문제가 없을 것이다. 레시피는 '이것 다음에 저것'이라는 내러티브 구조를 형성해 재료 하나하나를 기억하게 만들기 때문이다.

전통적인 연예산업에서 활용되는 기억법도 이와 비슷하다. 코미디언 닉 모하메드의 사례를 보자. 모하메드는 몇 초 동안 52장으로 구성된 카드 팩을 스캔한 뒤 모든 카드를 순서대로 기억해내는 능력을 갖고 있다. 하지만 '미스터 스왈로우'로 분해 연기할 때는 기억법을 패러디해 서로 다른 단어 사이에 터무니없는 스토리텔링 고리를 만들기도 한다. 이때 미스터 스왈로우는 목록의 첫 번째 단어를 기억하는 게 진짜 어렵다고 호소하는데, 이는 연결 고리를 만들 단어가 없기 때문이다. 그렇다면 그는 어떻게 할까? "무조건!"이라고 외칠 뿐이다. 이런 그의 외침은 내러티브 구조의 도움 없이는 아무것도 기억하기 어렵다는 사실을 보여준다.

놀랍도록 적절한 논리적 근거와 설득력 있는 사실을 바탕으로 논쟁의 여지 없는 파워포인트 슬라이드를 만들고 난 뒤 몇 시간 동안 리허설을 하고, 마침내 이사회 위원들을 대상으로 프레젠테이션을 진행한다. 그럼에도 이들이 당신의 제안을 받아들이지 않는 첫 번째 이유는 단순하다. 당신이 말한 내용을 기억하지 못하기 때문이다. 프레젠테이션이 끝나고 10분만 지나면 아무리 설득력 있는 주장이나 사실, 데이터도 기억나지 않는다. 스토리 구조로 포장하지 않는 한 말이다.

그렇다면 스토리가 훨씬 더 기억에 오래 남는 이유는 무엇일까? 신경과학자들에 따르면, 여러 가지 사실을 한꺼번에 들을 때면 우리 뇌의 제한된 부분, 즉 언어 처리 부분만 활성화되기 때문이다. 의미를 해독할 수 있을 만큼만 활성화되고, 그 외에는 활성화되지 않는다. 하지만 스토리를 들을 때는 스토리 속 사건을 직접 경험할 때 사용되는 뇌의 다른 영역이 함께 활성화된다. 화자가 스토리를 들려주면 우리는 머릿속으로 생생하게 스토리를 체험한다. 이에 대해 인지 심리학자 로저 섕크는 다음과 같이 설명한다. "인간은 논리가 아닌 스토리를 이해하도록 설계된 존재다."

스토리텔링은 우리 삶의 초창기에 중요한 역할을 한 것처럼, 인류의 태동에도 중요한 역할을 했다. 스토리텔링은 매우 귀중한, 어쩌면 생명을 구하는 데 쓰였을 정보를 개인에서 개인으로 전달하는 수단이었다. 스토리는 언어를 사용해 핵심적인 학습 내용을 이해하기 쉬운 형태로 압축하는 방법이었다. 할리우드 시나리오 작가 로버트 맥키는 이를 다음과 같이 표현했다.

> 스토리는 삶을 위한 도구다. 스토리에 대한 우리의 욕구는 삶의 패턴을 파악하려는 인간의 심오한 욕구를 반영한다.

맥키의 이 같은 언급은 스토리가 문제/해결 구조를 따르는 경향이 있는 이유도 함께 설명할 수 있다. 이에 대해서는 다음 장에서 구체적으로 살펴보자.

스토리텔링이 우리에게 왜 그토록 큰 공감을 불러일으키는지 그 이유를 파악해보는 것도 흥미롭겠지만, 여기서 중요한 건 스토리텔링이 그만큼 놀라운 효과를 가지고 있으며 커뮤니케이션에서 이러한 힘을 활용할 수 있다는 것이다.

2장

신화시대부터 이어온
스토리텔링 절대 법칙

노회한 마피아 폴리가 도착했을 때 젊은 행동대원 크리스는 암담한 눈빛으로 노트북을 바라보고 있었다.

폴리는 크리스가 옷을 차려입고 외출 준비를 하고 있을 것으로 생각했다. 하지만 그는 여전히 속옷 차림으로 소파에 앉아 있었다. 거실 바닥에는 각종 쓰레기와 옷가지가 널려 있었다.

폴리가 무슨 일이냐고 묻자 크리스는 시나리오 작업에 어려움을 겪고 있다고 토로했다. 말을 이어가던 중 글이 풀리지 않는 데서 오는 작가적 고뇌와 등장인물의 아크arc, 변화 곡선가 떠오르지 않는다는 것에 대한 그의 걱정은, 순간 자신만의 것을 찾을 수 없다는 것에 대한 두려움으로 바뀌었다.

"영화 시나리오 관련 책을 보면 모든 캐릭터에는 아크가 있다고 나와요. 이해하겠어요? 우리는 모두 어딘가에서 시작해요.

그러다가 무언가를 하거나 어떤 일을 겪게 돼요. 그런 변화가 우리의 인생을 변화시키고. 그걸 아크라고 해요. 내 아크는 어디 있을까요?"

폴리는 자신에게도 아크가 없다고 말하며 크리스의 걱정을 덜어주려 애썼다.

"나는 태어났고, 성장했고, 군대에서 몇 년을 보냈고, 감방에서 몇 년을 더 보낸 뒤…. 그나마 절반쯤은 괜찮은 사람이 되어 여기 서 있네."

폴리는 (최소한 그때 그 순간만큼은) 꽤 현명한 사람이었다. 인생의 모든 것이 스토리가 될 수는 없다는 사실을 이해하고 있었기 때문이었다.

위 대화는 HBO의 인기드라마 〈소프라노스The Sopranos〉 시즌 2의 한 장면으로 어떤 의미에서 두 사람 모두 제작자가 부여한 명확한 서사를 가진 캐릭터이다. 하지만 극 중에서 폴리는 현실에서 일어나는 대부분 일은 스토리가 아니라는 매우 중요한 사실을 깨닫게 된다.

이 점을 간파한 그는 마치 모든 것이 스토리인 것처럼 내세우는 오늘날의 대기업, 특히 마케팅 부서보다 훨씬 더 똑똑하다고 볼 수 있다. 최근 한 소셜미디어에서 우연히 오하이오주 콜럼버스에 본사를 둔 아이스크림 회사 제니스Jeni's의 포장 용기에 적힌 글을 보게 되었는데, 마치 뽐내듯 이렇게 쓰여 있었다.

"우리는 우리에게 영감을 주는 사람, 장소, 문화에 대한 스토리를 담은 아이스크림을 만듭니다."

해당 사진은 소셜미디어에서 꽤 많은 관심을 받고 있었지만, 그리 좋은 쪽으로는 아니었다. "아이스크림에 스토리가 있다고?" 누군가 이런 댓글을 달았다. 이렇게 쓴 사람도 있었다. "내 아이스크림 통이 스토리를 말하기 시작하면 망치로 내리쳐버릴 것 같다." 꽤 재치 있는 답변도 있었다. "위 문장에서 '아이스크림'은 오늘날 거의 모든 제품이나 브랜드로 대체할 수 있다."

다음으로 넘어가기 전에 간단한 사실 하나만 언급하겠다. 제니스는 영감을 주는 사람과 장소, 문화에 대한 스토리를 담은 아이스크림을 만들지 않는다. 아이스크림 자체는 스토리를 전달하지 않기 때문이다. 또 다른 댓글에서는 이렇게 언급했다. "스토리는 점차 통제 불능 상태가 되어가고 있다."

확실히 그렇다. 예를 들어보자. "모든 사료에는 스토리가 있다." 이것은 최근 압타밀Aptamil 우유의 TV 광고 문구다. 정말 그런가? 어떤 스토리가 있을까? 압타밀은 이렇게 말한다. "아기에게 우유를 먹이는 방식은 당신의 스토리를 말해준다."

물론 수유하는 방식은 현재 상황이나 마음 상태에 대해 많은 것을 말해준다. 여기에는 만성적인 수면 부족이나 불안, 스트레스, 자기 회의로 가득 찬 상태에서부터 차분하고 편안하며 행복한 상태, 그리고 어떤 카피라이터의 말처럼 '최고의 내가 될 수 있는 상태'에 이르기까지 다양한 스펙트럼이 분포해 있다.

하지만 그건 스토리가 아니다.

컨설팅을 하다 보면 자신들이 스토리텔러라고 자랑스럽게 말하거나 자사 브랜드나 제품은 스토리를 전달한다고 주장하는 기업을 자주 접하게 된다. 하지만 그런 스토리 가운데 하나를 들려달라고 하면, 대개 당황스러운 침묵이 흐르곤 한다. 그 스토리가 실제로 무엇인지 아무도 모르기 때문이다. 요컨대, 그들에겐 스토리가 없다.

스토리, 스토리텔링 (그리고 이 둘과 가장 가까운 친구인 '여정 journey'도 함께)이라는 단어는 '열정적' '전략적' '고객 중심적' '고객 맞춤형' 같은 단어처럼 모든 회사나 브랜드가 그 의미를 생각하지 않고 그저 광고 문구 어딘가에 끼워 넣으려는 유행어처럼 되어 버렸다.

그러나 막상 함께 일을 해보면 이런 회사에서 근무하는 대부분 사람은 그다지 '열정적'이지도 '고객 중심적'이지도 않다. 또 고객 타기팅이 잘못돼 전혀 엉뚱한 메시지를 보내는가 하면 고객센터에 전화했을 때 표시되는 각종 메뉴, 챗봇의 스크립트 메시지를 보면 '고객 맞춤형'이라고 할 만한 게 거의 없다. 기업은 고객이 중요하다고 끊임없이 말하지만, 한참 동안 대기열에 있다 보면 그건 사실이 아님을 분명히 알 수 있다. 요컨대, 기업은 진심이 아닐지언정 듣기 좋은 단어를 사용하려 한다. 기업을 상대할 때 우리는 스토리를 거의 접하지 못한다.

어쩌다 하나씩 스토리가 눈에 띄기도 한다. 많은 브랜드가 '회사 소개'란을 '우리 스토리'라는 이름으로 대체했는데, 여기에는 그야말로 회사의 설립 스토리와 함께 제품이나 서비스를 만들기 위한 그들의 고군분투가 담겨 있다.

그러나 대부분 '스토리'라는 단어는 무분별하게 잘못 사용된다. 사람들은 스토리텔링이라고 하면 무작정 좋다고 생각한다. 그래서 적합해 보이는 곳이면 어디든 '스토리'를 집어넣는다.

제니스 댓글에서 알 수 있듯, 이 같은 스토리 오용은 회사에 아무런 도움이 되지 않을뿐더러 오히려 고객을 짜증나게 한다. 스토리를 단순히 유행어 이상의 의미로 사용하고 싶다면, 그래서 스토리텔링의 힘을 제대로 활용하고 싶다면 많은 기업이 모르는 것을 알아야 한다. 즉, 스토리가 실제로 무엇인지 알아야 한다.

이번 장에서는 스토리에 관한 가장 중요하고 유용한 정의를 살펴보고, 스토리의 핵심 요소를 기술하는 데 도움을 준 이들의 논리를 정리해보자. 이를 통해 무엇이 스토리를 만드는지, 더 중요하게는 무엇이 좋은 스토리를 만드는지 분명하게 알 수 있을 것이다.

스토리 = 주인공 + 곤경 + 구출 시도

스토리에 대해 가장 많이 언급되는 설명 중 하나는 스토리에는 시작과 중간, 결말이 있다는 것이다. 어느 정도 맞지만, 딱히 도움 되는 설명은 아니다. 세 가지 코스로 나오는 식사나 고속도로, 우리의 업무에도 시작과 중간, 결말은 있다. 이보다는 좀 더 구체적으로 알아야 한다.

시작, 중간, 결말이라는 개념은 아리스토텔레스가 드라마에 대한 생각을 펼친 〈시학Poetics〉에서 유래했다. 아리스토텔레스가 말하는 '시작'이란 자연스럽게 다음 사건으로 이어지지만, 그 자체가 이전 사건의 직접적인 원인은 아닌 사건을 의미한다. 반대로 '결말'이란 그 반대 의미로 이전 사건으로 인해 발생했지만, 다음 사건으로 자연스레 이어지지는 않는 사건을 의미한다. '중간'은 인과적으로 연결된 일련의 사건을 포함한다.

따라서 스토리는 독립적이다. 어디서부터 시작되는지 매우 명확해야 하며, 어디서 끝나는지 역시 분명해야 한다. 그리고 스토리의 각 사건은 이전 사건에서 자연스레 이어져야 한다.

아리스토텔레스는 또 다른 저서 〈수사학Rhetoric〉에서 세 가지 통일성에 관한 개념을 소개했다. 그 내용은 다음과 같다.

- 행동의 통일성: 드라마에는 하나의 주요 행동이 있어야 한다.
- 시간의 통일성: 주요 행동은 24시간 안에 일어나야 한다.
- 장소의 통일성: 주요 행동은 한 장소에서 일어나야 한다.

이 이론은 르네상스 시대의 여러 비평가와 작가에서부터

현대 미국의 극작가 데이비드 마멧에 이르기까지 다양한 이들에 의해 재해석되었다. 비평가들은 종종 시간의 통일성과 장소의 통일성을 불필요한 제약으로 간주하며 논쟁을 벌였다(하지만 미국 TV 시리즈 〈24〉처럼 시간의 통일성을 유지하는 것이 드라마에 긴박감과 흥미를 더하기도 한다).

위 세 가지 통일성 가운데 오늘날까지 모든 스토리텔러에게 명확하고 가치 있는 지침으로 남아 있는 건 행동의 통일성이다. 이에 대해 마멧은 다음과 같이 설명한다. "행동의 통일성이란, 사실상 드라마는 한 가지에 관한 것이어야 함을 의미한다. 그리고 그 한 가지는 주인공이 얻고자 하는 것이어야 한다. 이 규칙을 확실하게 적용하면 훌륭한 작품이 만들어진다."

여기서 마멧은 두 번째 아이디어를 소개한다. 즉, 누군가가 무언가를 얻으려고 한다는 점이다. 드라마나 스토리의 본질은 '구체적이고 첨예한 목표를 달성하는 데 방해되는 것을 극복하려는 주인공의 퀘스트quest'[§]라는 것이다.

이것은 아리스토텔레스의 시작과 중간, 결말이 암시하는 전통적인 드라마의 3막 구조를 나타낸다. 1막에서는 탐색이 처음 드러나는 순간까지 주인공의 일상을 보여준다. 2막에서는 주인공이 퀘스트를 수행하는 과정에 방해되는 모든 것을 극복하는

[§] 극을 이끌어 가는 요소로 주인공의 임무.

모습을 보여주며, 3막에서는 마침내 퀘스트를 달성한 후의 결의를 담아낸다.

주인공과 퀘스트에 대한 이야기는 마치 〈반지의 제왕Lord of the Rings〉이나 〈왕좌의 게임Game of Thrones〉 같은 작품에서만 존재하는 이야기처럼 들릴 수 있다. 하지만 어떤 배경에서든 누구나 주인공이 될 수 있으며, 테러리스트와 싸우는 것에서부터 꿈에 그리던 사람과 결혼하는 것, 도로시가 오즈에서 캔자스 고향으로 돌아가는 것에 이르기까지 다양한 퀘스트가 존재한다. 이 같은 퀘스트는 반지를 파괴하거나 감옥에서 탈출하거나 진정한 로맨스를 찾거나 혹은 니모라는 물고기를 찾는 것일 수도 있다. 또 세상을 바꾸고 싶다는 간절한 열망, 혹은 잠재적 혼란에 직면한 상태 그대로를 지키고 싶다는 열망이 동기가 될 수도 있다.

퓰리처상을 받은 작가 로버트 올렌 버틀러는 이에 관해 다음과 같이 설명했다.

스토리는 장애물을 만난 갈망의 표현이다.

미국 문학가 조너선 갓셜 『스토리텔링 애니멀: 인간은 왜 그토록 이야기에 빠져드는가The Storytelling Animal: How Stories Make Us Human』에서 위 개념을 방정식으로 표현했다.

스토리 = 주인공 + 곤경 + 구출 시도

요컨대, 스토리에는 반드시 문제와 이를 해결하려는 시도가 있어야 한다. 이러한 감정적 아크가 없는 스토리는 진정한 스토리로 볼 수 없다. 그저 일화일 뿐이다.

이 같은 사실은 지난 수천 년 동안 직관적으로 이해되어왔다. 그러나 이제 이를 뒷받침하는 과학적 근거가 만들어졌다. 매사추세츠공과대학교의 소셜 머신 연구소와 맥킨지McKinsey의 소비자 기술 및 미디어팀이 각종 영상물(영화와 TV 프로그램 등)을 시청하고, 긍정적이거나 부정적인 감정적 콘텐츠를 초 단위로 추적하는 머신러닝 모델을 개발한 덕분이다. 이 정교한 모델은 줄거리와 등장인물, 대사, 카메라 각도, 음악을 추적해 스토리의 감정적 아크를 파악한다.

수천 개의 영상을 분석한 결과 문제/해결과 관련해 감정적 아크가 강한 스토리가 시청자에게 가장 인기가 많았고, 더 많은 '좋아요'를 받았으며, 참여 지표도 높게 나왔다. 이러한 기본적인 감정적 아크는 오랜 시간 동안 다양한 방식으로 표현되어왔다. 벤 헥트와 찰스 맥아더는 1930년대 할리우드에서 큰 성공을 거둔 시나리오 작가로 이들에 대한 영화가 만들어질 정도였다. 1938년 제작된 〈보이 미츠 걸Boy Meets Girl〉이 바로 그것이다. 스크루볼 코미디¶에 속하는 이 영화는 제임스 카그니와 팻 오 브라이언이 각각 헥트와 맥아더를 모티브로 한 주인공 로와 벤슨 역을 맡아 열연했다. 영화의 한 장면에서 로와 벤슨은 사무실에서 떠오른 아이템으로 로맨틱 코미디 대본을 바로 그 자리에서 멋지게 써 내려간다. 그리고 스튜디오 사장에게 프레젠테이션한다. 열정 넘치는 프레젠테이션이 끝날 무렵, 두 사람은 승리의 미소를 지어 보이며 전체 줄거리를 다음과 같이 정리한다.

로: 남자가 여자를 만난다.
벤슨: 남자가 여자를 잃는다.
로: 남자가 여자를 얻는다.

…그리고 스튜디오 사장은 이 아이디어에 매료된다.

3막 구조를 준수하는 이 간결한 요약 내용은, 스토리는 시작과 중간, 결말이 명확해야 하고, 위험 요소(남자가 여자를 잃는다)가 필요하다는 점을 강조한다.

기본적인 감정적 아크를 표현하는 또 다른 방법은 셰익스피어 작품의 연구로 유명한 버나드 그레바니어가 제안한 것이다. 그는 모든 줄거리는 단 하나의 핵심 질문으로 표현될 수 있다고 믿었다. 잘 알려진 바와 같이 그레바니어의 명제 Grebanier's Proposition는 줄거리를 이끌어가는 근본적인 질

¶ 두 남녀가 만나 우여곡절 끝에 사랑의 열매를 맺는다는 이야기에 희극적이고 재치 있는 대사를 더한 장르.

문이다. 이 명제를 로와 벤슨의 관점에서 보면 다음과 같은 핵심 질문으로 도출된다.

'소년이 소녀를 얻을 것인가?'

그레바니어는 모든 훌륭한 스토리는 이런 식으로 표현될 수 있다고 말했다.

- 로미오와 줄리엣은 행복할 수 있을까?(로미오와 줄리엣)
- 말린은 니모를 찾을 수 있을까?(니모를 찾아서)
- 존 맥클레인은 테러리스트를 물리칠 수 있을까?(다이하드)

이 질문 뒤에 숨어 있는 불확실성 때문에 관객의 몰입도가 유지된다. 주인공은 퀘스트를 달성할 수 있을 것인가? 두 사람은 결국 함께하게 될 것인가? 주인공은 악당을 물리칠 것인가? 이 세상은 파괴되지 않고 구원받을 것인가?

일부 장르에서는 이러한 구조가 일련의 질문으로 나타난다. 소위 '술술 읽히는 책'은 여러 가지 질문을 제기하거나 암시함으로써 독자가 끊임없이 책장을 넘기도록 만든다. 이 남자는 겉으로 드러나는 모습이 전부일까? 이 여자는 가장 친한 친구의 현명한 조언에 귀를 기울일까? 좋아, 친구의 조언을 무시하는군. 그렇다면 밴에 타고 있는 저 사람은 누구일까? 어두운 숲속을 헤매고 다닐 만큼 어리석지는 않겠지? 그래, 그렇긴 하네. 헤어질 만큼 멍청하지도 않겠지? 그림자로만 보이는 저 인물은 누구를 쫓고 있는 걸까? 등등.

천 개의 얼굴을 가진 영웅

1970년대 중반 조지 루카스는 할리우드에서 가장 인기 있는 젊은 감독 중 한 명이었다. 1973년, 자신의 청소년기를 담아 낸 작품 〈청춘 낙서American Graffiti〉로 상업적인 성공을 거두었다. 따라서 다음 영화는 무엇이든 원하는 대로 도전할 만한 힘이 있다고 믿었다. 그는 공상과학 영화를 제작하고 싶어 했다.

하지만 그는 세 가지 벽에 부딪혔다. 첫째, 당시 공상과학은 할리우드에서 완전히 비주류였다. 둘째, 루카스의 데뷔작 〈THX 1138〉이 디스토피아 공상과학 영화였지만 흥행에 실패했기 때문에 또다시 같은 장르의 영화 제작을 위해 투자자를 설득하려면 넘어야 할 산이 많았다.

당시 루카스의 위치 정도면 이 두 가지는 극복할 수 있었다. 하지만 세 번째 벽, 곧 시나리오를 흡족하게 완성하는 일은 좀처럼 마음대로 되지 않았다. 그는 계속해서 초고를 썼지만, 그가 내놓은 결과물은 루카스 자신은 물론 원고를 공유하고 피드백을 부탁한 동료 감독들에게도 좀처럼 만족스럽지 못했다. 몇 달이 지나도록 시나리오 작업엔 진전이 없는 듯했다. 그러던 중 루카스는 뉴욕의 사라 로렌스 칼리지의 비교종교학 교수인 조지프 캠벨의 책을 읽기 시작했다.

1904년생인 캠벨은 무한한 잠재력을 지닌 청년으로 자랐다. 공부며 운동이며 뭐 하나 빠지는 게 없었다. 한동안 세계에서 가장 빠른 하프 마일 달리기 선수로 이름을 날렸으며, 중세 문학으로 석사학위를 취득한 뒤 프랑스와 독일 등 유럽에서 학업을 이어나갔다. 유럽 여행 중에는 현대 유럽 문학에 심취해 산스크리트어를 배웠고, 우연히 인도 철학자 지두 크리슈나무르티를 만나 큰 영향을 받았다.

그런데 캠벨이 미국으로 돌아온 시기는 대공황과 맞물려 있었다. 일자리를 찾지 못한 그는 전도유망하게 시작했던 커리어를 중단할 수밖에 없었고, 5년간 뉴욕 우드스톡의 판잣집에서 살았다.

이 강제 휴직 기간에 캠벨은 하루 최대 9시간씩 책을 읽었다. 다양한 문화와 시대의 민속과 신화를 탐독하며 폭넓게 책을 읽어나가던 그는 한 가지 뚜렷한 공통점을 발견했다. 놀랍게도 전 세계 여러 문화권의 신화와 스토리에서 기본적으로 같은 구조적 패턴이 여러 시대에 걸쳐 반복적으로 나타나고 있었다.

캠벨은 이 같은 개념을 조이스가 사용한 용어를 빌려 '단일신화'로 명명했다. 모든 문화와 신화에는 '형태는 다르지만 놀랍도록 일관된 하나의 스토리가 늘 존재한다'라는 것이다.

캠벨은 다른 모든 스토리를 뒷받침하는 하나의 근본적인 스토리가 있다고 언급했지만, '형태는 다르지만'이라는 수식어를 붙여 스토리가 다양한 방식으로 전개된다는 점을 인정했다. 조지 루카스에게 흥미를 불러일으켜 영감을 준 것이 바로 『천의 얼굴을 가진 영웅The Hero with a Thousand Faces』에서 캠벨이 자세히 다룬 이 개념이다.

이 개념을 접한 후 루카스는 캠벨이 '영웅의 여정'으로 지칭한 패턴을 그대로 반영해 〈스타워즈StarWars〉 시나리오를 빠르게 재구성했다. 그 결과 시나리오 작업을 끝내고 성공적으로 영화를 개봉할 수 있었다. 〈스타워즈〉는 할리우드 역사상 가장 수익성이 높고 문화적으로 중요한 프랜차이즈 영화이자 현대의 가장 강력한 스토리를 담고 있는 작품으로 남아 있다.

캠벨이 영웅의 여정을 정의한 방법은 다음과 같다.

> 영웅은 평범한 일상에서 초자연적 경이로움을 선사하는 세계로 모험을 떠난다. 그곳에서 강력한 힘을 가진 존재를 상대로 결정적 승리를 거둔다. 영웅은 동료들에게 득이 될 만한 힘을 얻고 신비한 모험에서 돌아온다.

캠벨의 연구는 다른 학자들로부터 비판을 받기도 했다. 단일신화에 대한 개념을 지나치게 단순화했으며, 해당 개념과 반대되는 스토리는 무시한 채 본인의 생각을 뒷받침하는 자료만 취사선택했다는 것이다. 이 같은 비판이 사실이라고 하더라도, 그가 다소 과장된 주장을 했다고 하더라도 캠벨이 놀라운 일관성과 규칙성을 바탕으로 시대와 문화를 초월해 발견되는 스토리를 명확하게 식별한 건 주지의 사실이다. 그는 스토리 형식으로 표현되었을 때 전 세계 수많은 사람을 끌어들일 수 있는 특정 주제가 있다는 사실을 보여주었고, 〈스타워즈〉의 성공은 이를 증명한다.

캠벨의 이론과 〈스타워즈〉의 성공은 스토리가 고대 신화를 어떻게 뒷받침해왔는지를 보여줄 뿐 아니라 오늘날 스토리텔링 방식을 구체화하는데 도움을 주었다. 〈스타워즈〉가 등장하기 전 몇 년 동안 할리우드는 실험적인 시기를 거치고 있었다. 젊은 신예 감독들(마틴 스콜세지, 로버트 알트만, 프란시스 포드 코폴라 등)은 자신들이 존경하는 유럽의 아방가르드 영화 감독들(루이 말, 클로드 샤브롤, 프랑수아 트뤼포, 알랭 레네, 장 뤽 고다르)의 작품과 결을 같이하면 업계 전체를 재편할 수 있다고 믿고 기존의 스토리 형식에서 벗어나고자 열을 올리고 있었다.

하지만 〈스타워즈〉의 엄청난 성공과 함께 이들 신예 감독들의 작품이 상업적으로 엇갈린 결과를 낳으면서 이 같은 실험은 사실상 종말을 고했다. 관객들은 전통적인 스토리를 선호했고, 할리우드는 〈스타워즈〉의 접근법을 모방하기 시작했다.

영화가 특정 형식(템플릿)을 따르고 있다는 사실을 알게 된 영화 업계는 이를 이해하고 따라 하는 데 집중했다. 그러나 캠벨의 책은 흥미롭기는 해도 쉽게 읽히지는 않았다. 전문용어가 많고, 한 주제에서 다른 주제로 빠르게 넘어가며, 글쓰기 방식 자체가 미사여구 위주였다. 캠벨은 영웅의 여정을 복잡한 17단계 구조로 나눈데다가 일반 독자가 쉽게 길을 잃을 법한 종교적·영적 영역까지 깊이 있게 다루고 있었다.

이에 당시 디즈니의 젊은 시나리오 분석가였던 크리스토퍼 보글러가 캠벨의 책을 7쪽 분량의 요약본인 '천의 얼굴을 가진 영웅을 위한 실용 지침서A Practical Guide to The Hero with a Thousand Faces'로 펴냈고, 이는 업계에 중요한 전환점이 되었다. 이 지침서의 내용은 곧 영화 성공의 공식이 되었다. 이후 보글러는 요약본을 발전시켜 『신화, 영웅 그리고 시나리오 쓰기The Writer's Journey: Mythic Structure for Writers』라는 제목의 책으로 출간했다.

지침서에 정리된 구조의 핵심은 다음과 같다.

- 스토리는 주인공의 일상에서 시작된다.
- 주인공은 모험에 대한 부름을 받는다.
- 처음에는 거부하지만, 멘토의 권유로 첫발을 내디딘다. 모험을 시작하며 점점 더 어려운 도전에 직면하고, 그 가운데 조력자를 만나게 된다.
- 최고의 도전에 맞닥뜨린 주인공은 의심의 순간을 겪지만, 멘토의 조언과 조력자의 도움으로 마침내 보상을 얻고 일상으로 돌아온다.
- 이때 보통은 추격을 당해 또 다른 위험에 빠진다.
- 이후 마침내 세상에 도움이 될 각종 선물과 보물, 혜택, 지

혜를 안고 평범한 세계로 완전히 돌아온다.

이 구조는 〈스타워즈〉 스토리에서도 그대로 재현된다.

- 이야기는 루크(스타워즈의 주인공)의 일상에서 시작된다.
- 루크는 레이아 공주의 메시지(모험에 대한 부름)를 우연히 받는다. 처음에는 거부하지만, 오비완(멘토)의 격려로 첫 걸음을 내디딘다.
- 모험을 계속하면서 점점 더 어려운 도전(광선검 마스터하기, 쓰레기 압축기에 갇히기, 다양한 전투)에 직면하지만, 한 솔로와 츄바카(조력자)를 만나게 된다.
- 최고의 도전에 직면한 루크는 다크사이드로부터의 유혹(의심의 순간)을 겪지만, 멘토의 조언과 조력자의 도움으로 보상을 얻고 일상으로 돌아온다.
- 이때 추격을 당해 또 다른 위험에 맞닥뜨린다.
- 이후 마침내 데스스타의 파괴(세상에 도움이 될 선물)와 보물, 혜택, 지혜를 안고 평범한 세계로 완전히 돌아온다.

이 구조를 알고 나면, 이 패턴이 영화나 TV 드라마, 연극, 소설에서 반복해서 등장한다는 것을 알게 될 것이다. 설사 이 구조를 충실히 따르지 않는 스토리일지라도 해당 구조의 많은 요소가 사용되고 있음을 알 수 있다.

옛날 옛적에

앞서 언급했듯 인과관계는 스토리텔링에 필수적이다. 이와 관련해 샌프란시스코 시너지 극장의 예술감독 켄 아담스는 배우들이 긴 형식의 즉흥 연기를 고안할 수 있도록 스토리 스파인story spine이라는 구조를 개발했다.

그는 『장편 연극을 즉흥적으로 만드는 방법: 즉흥 연극의 예술How to Improvise a Full-Length Play: The Art of Spontaneous Theatre』에서 이 구조의 접근법을 구체적으로 설명했지만, 사실 이것은 비교적 틈새시장인 즉흥극의 세계를 뛰어넘어 상업적으로 큰 수익을 올린 많은 영화에서 중요한 역할을 했다.

스토리 스파인의 구조는 다음과 같다.

옛날에…
매일매일…
그러던 어느 날…
그 때문에…
그래서…
그런 이유로…
마침내…

이 간단한 공식은 픽사의 스토리 아티스트 엠마 코츠가 '스토리텔링의 22가지 규칙'이라는 트윗을 올리면서 순식간에 유명해졌는데 스토리 스파인이 그녀가 올린 네 번째 규칙이었다.

사실 나머지 21가지 규칙은 대부분 글쓰기 과정과 작가라는 직업에 대한 조언이다. 이를테면 이런 식이다. "중간을 생각하기 전에 결말을 먼저 생각해보자. 꼭 그래야 한다. 결말 구성은 어려우므로 반드시 미리 짜두는 게 좋다."

스토리 스파인은 22가지 규칙 중 유일하게 스토리텔링의 규칙으로 명시되어 있다. 글 쓰는 법이 아닌 스토리가 어떤 것이어야 하는지를 알려준다. 픽사에서 성공한 영화들은 보면 이 법칙을 얼마나 충실히 따랐는지 알 수 있다. 영화 〈니모를 찾아서 Finding Nemo〉를 살펴보도록 하자.

- 옛날에 말린이라는 물고기가 살았다.
- 매일같이 그는 아들 니모에게 바다는 위험한 곳이라고 경고했다.
- <u>그러던 어느 날</u> 니모는 말린의 경고를 무시한 채 홀로 헤엄쳐 나갔다.
- <u>그 때문에</u> 니모는 사람에게 잡혀 수족관에 갇히고 말았다.
- <u>그래서</u> 말린은 니모를 구하러 길을 나섰다.
- 마침내 니모를 찾았다.

얼핏 보면 픽사의 또 다른 영화 〈인사이드 아웃Inside Out〉은 전혀 다른 영화처럼 보인다. 하지만 조금 더 자세히 들여다보면 이 역시 같은 구조를 따르고 있음을 알 수 있다.

- 옛날에 라일리라는 소녀가 살았다.
- 매일같이 그녀의 행동은 기쁨이에게 통제당했다. 기쁨이는 라일리의 모든 감정을 조종하며 슬픔이를 완전히 통제하고자 했다.
- 그러던 어느 날 라일리가 새로운 도시로 이사 가면서 슬픈 감정이 터져 나왔다.
- 그 때문에 기쁨이는 슬픈 기억을 없애 라일리의 기분을 나아지게 하려 했지만, 오히려 점점 나빠지기만 했다.
- 그래서 기쁨이와 슬픔이는 서로 협력할 방안을 찾아야만 했다.
- 마침내 기쁨이는 슬픈 감정을 포함한 모든 감정이 중요하며, 이 감정들을 라일리가 하나하나 느껴야 함을 깨달았다.

〈악마는 프라다를 입는다The Devil Wears Prada〉의 각본을 쓴 앨린 브로쉬 맥케나는 인과관계에 대해 다음과 같이 요약했다. "모든 장면 사이에는 '그리고 나서'가 아니라 '때문에'가 있어야 한다. 시나리오를 쓸 때 이런 표현을 마구잡이로 써선 안 된다. 그렇게 하고 있다면, 그건 심각한 문제다."

끌리는 스토리의 조건

큰 인기를 끈 스토리가 하나같이 특정한 패턴을 따르고 있다면, 그 이유는 무엇일까? 이 특정한 문제/해결 구조의 스토리가 계속해서 성공하는 이유는 무엇일까? 이 질문에 답하기 위해 제시된 대부분 이론은 스토리를 일종의 실생활의 리허설로 바라본다. 그래서 일각에서는 스토리는 우리가 일상에서 직면할 수 있는 일련의 문제를 보여주고, 적용 가능한 해결책을 제시한다고 주장한다. 사실 우리는 비행기 조종사가 비행 시뮬레이터를 사용하는 방식으로 스토리를 사용한다. 스토리는 실제 상황이 아니지만, 실생활에 필요한 핵심 기술을 배우는 데 도움이 된다. 실제 위급 상황에서 이런 기술을 익힐 때 따르는 위험 없이 말이다.

그러나 대다수 줄거리가 극단적이고 과장된 특성을 고려하면, 스토리가 이처럼 명확한 튜토리얼을 제공한다는 생각에는 다소 무리가 있어 보인다. 우주를 구하고, 시한폭탄을 해체하며, 살인범을 밝혀내고, 매번 되살아나는 성가신 괴물을 주기적으로 상대해야 하는 사람은 거의 없기 때문이다.

또 다른 일각에서는 스토리가 우리 삶에 적용할 수 있는 구체적인 해결책을 제시하지는 못하지만, 우리 삶의 기본 패턴, 즉 모든 사람이 겪게 될 여정의 종류를 알려준다고 주장한다. 스토리는 실제 삶의 형태를 좀 더 명확하게 만들어 우리 삶을 이해하는 데 도움을 준다.

그러나 스토리는 현실의 고난에 대비하기 위해 존재하는 것이 아니라 오히려 고난 이후의 카타르시스에 가깝다고 보는 이론도 있다. 우리가 스크린 속 전투에 참여해 직접 싸우는 건 아니다. 하지만 우리는 매일같이 반복되는 일상에서 다양한 전쟁을 치르고 있다. 각종 공과금을 제때 납부하기 위한 분투, 관계를 유지하기 위한 노력, 신체적 또는 정신적 건강 문제를 해결하기 위한 자신과의 싸움 등이다. 이런 상황에서 스크린 속 싸움은 우리가 일상에서 다양한 전투를 치르느라 억누른 감정에 좀 더 쉽게 접근하고 이를 처리할 방법을 제시한다.

또한 스토리는 우리 모두에게 책임지고 삶을 실현할 주체성이 있다는 것을 상기시켜 준다. 아무도 우리를 영웅으로 부르지도, 영웅처럼 느끼지 않을 수도 있다. 하지만 우리도 인생의 여정에서 중심적인 역할을 하고, 각종 도전에 맞서며, 주변 사람들을 도울 때가 있다.

그렇다면 스토리의 핵심 요소는 무엇일까? 좋은 스토리는 반드시 다음을 갖춰야 한다.

- 시작과 중간, 결말이 잘 정의되어 있어야 한다.

- 한 가지 주제에 관한 내용이어야 한다.
- 명확하게 이해되는 퀘스트가 있어야 한다(질문으로 표현될 수도 있음).
- 퀘스트를 달성하는 과정은 문제/해결 구조를 따라야 한다.
- 명확한 인과관계에 따라 움직여야 한다.

지금까지는 외부 스토리의 구조와 줄거리에 대한 규칙을 살펴보았다. 이와 똑같이 중요하지만, 그 중요성은 비교적 낮게 평가되고 있는 요소를 소개한다. 바로 주인공의 내부 스토리다.

주인공의 성장

줄거리와 스토리의 겉으로 드러나는 구조와 함께 내부 구조의 변화도 중요하다. 대표적으로 주인공은 여정에서 늘 뭔가를 배운다.

이를 표현하는 한 가지 방법은, 스토리 시작부터 주인공이 수정해야 할 잘못된 세계관을 갖고 있음을 나타내는 것이다. 아니면 시작 시점에는 일반적으로 받아들여지는 세계관(그들의 문화에서 수용되는 지혜)을 가진 것으로 묘사했다가 주인공이 모험을 떠나는 여정을 통해 사회적 규범을 넘어 새로운 진실을 배우는 것으로 구성한다.

예를 들어, 〈스타워즈〉에서 루크는 포스the Force의 존재를 확인한다. 〈매트릭스Matrix〉 속 네오는 자신이 절대자the One임을 알게 된다. 또 〈오즈의 마법사the Wizard of Oz〉에서 도로시는 마법사의 도움 없이도 집에 돌아갈 수 있음을 알아챈다.

어떤 의미에서 주인공이 직면해야 하는 도전은 나름의 이유가 있는 듯하다. 즉, 알아야 할 것을 가르치기 위한 여정인 셈이다. 압박을 받지 않고, 시험을 당하지 않으면 주인공은 알아야 할 것을 아는 데 필요한 도약을 이루지 못한다.

시험을 당하고, 그 시험을 성공적으로 통과한 주인공은 변화되는데 이러한 변화가 바로 스토리의 핵심이다. 이는 고전 서부극 〈황야의 7인The Magnificent Seven〉에서도 잘 드러난다. 이 영화는 구로사와 아키라의 영화 〈7인의 사무라이The Seven Samurai〉를 재구성한 것이다.

영화 속에서 크리스는 멕시코 한 마을에서 칼베라가 이끄는 도적들로부터 주민들을 보호하기 위해 고용한 총잡이 용병이다. 크리스는 총잡이 6명을 추가로 모집하고 칼베라에 대항해 싸운다. 그러나 마음만 앞섰던 이들은 칼베라에 제압당하고, 결국 총마저 빼앗긴다.

자칫 법을 무너뜨릴 수 있는 불필요한 유혈 사태를 막기 위해 칼베라는 크리스 일당에게 총잡이 일을 포기하고 마을을 떠나면 살려주고 총도 돌려주겠다는 제안을 한다. 칼베라는 그들이 용병이므로 당연히 제안을 받아들일 것으로 생각한다. 그들은 마을 사람들을 신경 쓰지 않는다. 오직 돈 때문에 온 것이기 때문이다.

하지만 나머지 용병들은 모두 떠나고, 크리스만 돌아와 칼베라를 쏜다. 피를 흘리며 바닥에 쓰러진 칼베라는 놀란 눈빛으로 묻는다. "왜 돌아왔지? 이런 곳으로? 왜? 당신 같은 사람이? 대체 왜?"

이에 대한 대답은 크리스는 더 이상 예전의 '그런 사람'이 아니기 때문이었다. 그는 압박감 속에서 교훈을 얻었고, 완전히 변화했다. 처음에는 돈만 보고 왔지만, 이제는 마을 주민들과 정서적 유대감을 형성하고 있었다.

요컨대, 어렵고 힘든 도전에서 살아남은 주인공은 자신에 대해 중요한 것을 알게 된다. 그리고 그것은 스토리를 읽거나 보는 사람 모두에게 적용되는 교훈이다.

〈스타워즈〉, 〈오즈의 마법사〉가 주는 교훈은, 우리에게는 주체성이 있기에 얼마든지 책임지는 삶을 살 수 있다는 것이다.

이처럼 스토리 속 교훈이 비단 주인공뿐 아니라 관객을 위한 것이라는 사실은 노벨 문학상을 받은 소설가 존 스타인벡이 언급한 다음 내용과 일맥상통한다.

스토리가 듣는 사람과 아무 관련이 없다면 그 사람은 듣지 않을 것이다.

　스토리의 주인공이 디스토피아적 미래의 선한 전사든, 대공황 시대의 환각적 현실에서 어려움을 겪는 캔자스 출신의 어린 소녀든 청중인 우리는 그 안에서 나 자신의 모습을 보거나 적어도 그들의 고군분투 속에 비친 내 모습을 볼 수 있어야 한다.
　스토리가 100% 다른 사람에 관한 것이라면, 우리는 마음이 가지 않는다. 어느 정도 우리 자신에 관한 스토리라고 느낄 수 있어야 한다. 대개 이 같은 연결성을 의식하지 않지만, 연결성이 없으면 읽거나 보는 것을 중단해버린다.
　주인공에게서 우리 자신을 발견할 수 있어야 한다는 이 개념은, 오늘날 흥미로운 제목으로 스토리텔링의 가장 중요한 기법을 담은 책 『흥행하는 영화 시나리오의 8가지 법칙Save the Cat!』을 연상시킨다.

악당을 사랑하게 만드는 법

　1989년 출시된 영화 〈자동차 대소동Planes, Trains and Automobiles〉은 존 캔디와 스티브 마틴이 주연을 맡은 영화로 컬트 코미디의 고전으로 불린다.
　하지만 출시 초기, 영화에 대한 평가는 거의 재앙에 가까웠다. 컬트 코미디의 고전과 완전한 재앙이라는 엇갈린 평가의 핵심은 다섯 마디 대사, 단 5초짜리 장면에 있었다. 그것은 곧 '고양이를 구하는 순간'이었다.

〈자동차 대소동〉은 좀처럼 어울릴 것 같지 않은, 우스꽝스러운 한 쌍에 관한 이야기다. 스티브 마틴이 연기한 닐은 광고 담당 임원으로 추수감사절을 맞아 고향인 시카고로 향한다. 그런데 그는 극심한 눈보라 속에서 샤워 커튼 고리를 팔러 다니는 영업사원 델을 만나게 된다. 이후 닐과 델, 두 사람의 운명은 불가분의 관계가 되어 여정을 함께한다. 영화 전반에서 닐은 시카고로 돌아가고 싶은 마음만큼이나 델을 없애고 싶어 하는 마음이 크다(추수감사절에 델이 갈 곳이 없다는 사실을 알고 연민을 느끼지만).

이 영화는 할리우드 표준 절차에 따라 개봉 전 시사회를 통해 일반 관객의 반응을 확인한 뒤 이들의 피드백을 바탕으로 감독이 최종 수정을 진행했다.

하지만 시사회에서 뭔가 근본적으로 잘못되었다는 것이 분명히 드러났다. 이 영화의 편집자 폴 허쉬는 『아주 먼 옛날, 머나먼 편집실에서A Long Time Ago, in a Cutting Room Far, Far Away』에서 당시 상황을 구체적으로 묘사했다.

> 시사회 결과는 참혹했다. 상영한 지 20분쯤 지나자 두어 명이 걸어 나갔다. 그리고 얼마 뒤 몇 사람이 더 나갔다. 그런

상황은 처음이라 속이 울렁거릴 정도였다. 점점 더 많은 사람이 자리를 떠났다. 어느 순간에는 좌석 한 열 관객 전체가 나가버렸다. 너무 충격적이었다.

우리는 정말 미친 듯이 수정해 시사회를 다시 열었다. 반응은 이전보다 나아졌지만, 눈에 띌 정도는 아니었다. 우리는 또다시 수정에 몰두했고, 9월 내내 매주 두 번씩 시사회를 열었다. 총 아홉 번의 시사회를 거치며 수정에 수정을 거듭했다.

아홉 번의 시사회는 일반적인 절차가 아니다. 영화에는 분명히 심각한 문제가 있었다. 다행히 제작사는 관객을 퇴장하게 만든 정확한 원인을 찾아냈다. 관객은 매번 모든 비용을 결제하는 닐을 델이 착취한다는 생각에 델을 좋아하지 않았고, 그런 착취를 너무 쉽게 허용하는 닐 역시 탐탁지 않았다. 영화는 훌륭한 코미디였음에도 관객들은 주인공이 마음에 들지 않아 보고 싶지 않았던 것이다.

그러나 편집자 허쉬가 한 장면을 다시 삽입하면서 모든 것이 바뀌었다. 촬영은 했지만, 별 볼 일 없다는 생각에 편집 과정에서 제외했던 장면이었다. 이 장면에서 델은 닐에게 기차표값을 갚겠다고 말한다.

델: 주소만 알려주세요. 보내드리겠습니다.

닐(다시는 델의 연락을 받고 싶지 않음): 아뇨, 괜찮아요.

언뜻 보면 다섯 마디 대사에 불과한 5초짜리 이 장면은 그다지 중요하게 느껴지지 않는다. 하지만 영화의 성공에는 필수적인 요소다. 전체 줄거리에는 중요하지 않을지라도 몰라도 이 장면을 넣자 델과 닐 두 인물에 대한 관객의 인식이 완전히 바뀌었다. 관객은 무임승차자라는 델에 대한 오해를 풀었고, 따라서 그를 도운 닐 역시 호감 가는 인물로 생각했다.

허쉬는 "처음에는 이 장면이 중요해 보이지 않았지만, 결국 중요한 장면이었다"라고 말했다. 주인공을 호감 가는 인물로 만드는 것은 좋은 스토리의 중요한 특징 중 하나다. 누가 마음도 안 가는 사람의 모험을 두 시간 동안이나 따라가고 싶겠는가?

시나리오 작가 블레이크 스나이더도 이 같은 장면의 중요성을 강조했다. 스나이더는 영화 속 주인공이 설령 살인범이나 암살자라 해도 해당 캐릭터가 본질적으로 호감 가는 인물임을 나타내는 장면이 하나만 들어가도 그가 어떤 행동을 하든 크게 중요하지 않다는 것이다.

예를 들어, 주인공이 무자비한 갱단 두목이라고 해도 잔인하게 살인하는 와중에 나무에서 새끼 고양이를 구하는 순간이 있다면, 이 단순한 장면 하나로 관객은 이 인물을 좋아하고 그에게 공감할 수 있다는 신호를 얻게 된다.

얼핏 지나치게 단순하고 촌스러워 보일 수도 있다. 스나이 더 역시 일부 동료는 이런 장면을 '촌스럽고 지루하게' 여긴다고 언급했다. 하지만 크게 성공한 스토리텔링 사례를 살펴보면, 이것이야말로 훌륭한 스토리텔링의 핵심이라는 사실을 금방 깨닫게 된다.

스나이더는 디즈니의 〈알라딘Aladdin〉을 예로 들었다. 원작 속 알라딘은 버릇없고 게으른 도둑으로 관객이 좋아하거나 동일시하고 싶은 인물은 아니었다. 그래서 시나리오 작가들은 알라딘이 처음에는 자신을 위해 음식을 훔치지만, 결국 굶주린 두 아이에게 나눠주는 장면을 초반에 삽입했다. 그리고 지금, 알라딘은 여전히 사랑받는 캐릭터다.

이런 관점에서 훌륭한 영화를 보면, 이른바 '고양이를 구하는 순간'을 쉽게 찾아낼 수 있다. 실제로 이런 장면은 꽤 길게 이어지기도 한다. 만약 〈오즈의 마법사〉가 형형색색의 오즈를 묘사하는 장면으로 시작되었다면, 관객들은 꽤 기묘한 캐릭터들을 파악하는 데 어려움을 겪었을지 모른다. 하지만 영화의 첫 20분 동안에는 내내 도로시가 자신의 애완견 토토를 구하는 장면이 묘사된다. 이 장면은 도로시를 착하고, 친절하며, 호감 가는 인물로 설정함으로써 관객이 오즈의 모험을 쫓아가고 싶게 만든다.

상당수 비평가는 영화 〈대부The Godfather〉에서 마이클 콜레오네가 두 남자를 쏘기 위해 레스토랑 화장실에서 나오는 순간을 대부의 핵심 장면으로 꼽는다. 하지만 이것이 핵심 장면이었다면, 영화에는 전쟁 영웅이 갱스터로 변하는 이야기만 담겼을 것이다. 관객은 과연 이런 내용에 공감해 주인공과 동일시할 수 있었을까?

진짜 핵심 장면 즉, '고양이를 구하는 순간Save the cat'은 마이클이 병원에 갔다가 라이벌 갱단과 부패한 경찰에게 암살당할 위기에 처한 자신의 아버지, 대부를 발견하는 장면이다. 당시 마이클은 무기도 없었고 마피아의 일원도 아니었다. 하지만 재빠른 판단과 냉철함으로 아버지를 구한다. 그리고 그에 앞서, 마이클은 부모와 자식의 역할이 뒤바뀌는 감동적인 장면을 연출하며 아버지의 병상에 기대 이렇게 속삭인다.

> 여기 누워 계세요, 아버지. 이제는 제가 돌봐드릴게요. 제가 함께 있어요. 제가….

이 장면 이후 영화는 범죄의 세계로 끌려가는 주인공이 아닌 아버지를 돌보기 위해 모든 것을 희생하고 나아가는 용감하고 사랑스러운 청년에 관한 스토리가 되었다. 스나이더는 '고양이를 구하는 순간'의 중요성을 다음과 같이 요약했다.

> 주인공을 사랑스러운 존재로 만들기 위해 모든 영화에 고양이를 구하고, 건너편의 할머니를 돕고, 길모퉁이에서 물에 튀는 장면을 넣을 필요는 없다. 하지만 늘 관객의 손을 잡고 그들이 주인공과 스토리에 공감하도록 만들어야 한

다. 이렇게 하지 않는다면…. 관객이 '그냥' 주인공을 좋아할 것으로 가정한다면, 여러분은 할 일을 제대로 안 하고 있는 것이다.

이처럼 스토리텔링에서 얻은 교훈을 비즈니스 커뮤니케이션에 적용하는 경우 고양이는 구하지 않아도 되지만, '관객의 손을 잡고 그들이 스토리에 공감하도록 만들어야 한다'라는 기본 개념은 기억해야 한다. 사람들은 '그냥' 이야기를 듣지 않는다. 듣고 싶게 만들어야 한다.

자, 이제 스토리의 구조를 정의하는 규칙과 함께 세 가지 규칙이 추가되었다.

- 스토리는 대개 변화와 학습을 수반한다.
- 스토리는 우리가 아닌 청중에 관한 것이어야 한다.
- 청중이 우리의 이야기를 듣고 싶어 하도록 적극적으로 행동해야 한다. 그렇지 않으면 청중은 우리의 이야기를 듣지 않을 것이다.

다음 장에서는 이러한 스토리텔링의 모든 요소를 비즈니스 커뮤니케이션에 어떻게 적용할 수 있을지 살펴보도록 하자. 또 영화 속 '고양이를 구하는 순간'이 직장에서는 무엇으로 대체되는지도 알아보자.

3장

직장인을 위한 스토리텔링 수업

2003년 에미상 시상식이 열리던 날 밤, 필 로젠탈은 걱정이 앞섰다. 시트콤 〈내 사랑 레이몬드Everybody Loves Raymond〉의 공동 제작자인 그는 1999년, 2000년, 2001년 그리고 2002년에 이어 올해도 어떤 일이 벌어질지 잘 알고 있었기 때문이다.

해당 작품은 해마다 우수 코미디 시리즈 부문 후보에 올랐고, 그때마다 로젠탈은 수상 소감을 어떻게 말할지 고민하며 시상식 당일까지 힘겨운 시간을 보내곤 했다. 재미있는 사람으로 비쳐야 한다는 압박 때문이었다. 그의 수상 소감도 관객의 기대에 부응해야 했다.

지난 4년간, 그는 재미있게 준비한 수상 소감을 행여 잊어버릴까 수상작을 발표하는 순간까지 극도의 긴장감에 시달려야 했다. 그러나 매번 수상 불발이라는 끔찍한 현실을 마주해야 했다.

하지만 2003년은 달랐다. 그해 수상작은 〈내 사랑 레이몬드〉였다. 모든 염려와 걱정이 해소되는 순간이었다. 이제 화려한 수상 소감으로 관중을 놀라게 할 차례였다. 오랜 세월의 상처를 딛고 빛을 발할 때였다. 로젠탈은 무대에 올라 마이크를 잡았다. 청중을 바라보자 약 30센티미터 길이의 스크린에 깜빡이는 세 글자가 보였다. "마무리!"

오스카나 에미상 같은 시상식에서는 수상 소감이 너무 길어지면 조용한 음악이 흘러나온다. 시상식을 자주 봤다면 알 수 있을 것이다. 그런데 수상자가 이를 눈치채지 못하면 음악 소리가 급격히 커진다. 에미상에서는 수상자가 무대에 오름과 동시에 '마무리'라고 적힌 화면이 깜빡인다. 이것까지는 눈치채지 못했을 수 있다. 요컨대, 커리어에 정점을 찍은 사람들이 자신의 빛나는 업적을 인정받는 순간에 짧게 말하고 빨리 내려가라는 압박을 당하는 셈이다.

며칠 또는 몇 주간 파워포인트 슬라이드를 정성껏 만들어 프레젠테이션이나 비즈니스 커뮤니케이션을 준비하고 나면, 당신은 청중이 내가 하는 모든 말을 기대할 것으로 상상하곤 한다. 그런 당신의 기대를 무너뜨려 미안하지만, 오히려 정반대다. 프레젠테이션을 시작할 때 모든 사람의 마음속 핵심 질문은 단 하나다.

'언제 끝날까?'

사무실에서는 대개 마무리 음악을 사용하지 않는다. 필자도 마무리 신호를 마주한 건 전체 경력을 통틀어 딱 한 번이었다(글로벌 광고 업계 컨퍼런스로 '마무리' 글자가 표시되지는 않았지만, 숫자 0을 향해 카운트다운을 시작한 눈부신 붉은 LED 시계와 내 눈을 향해 깜빡이는 조명으로 그 의미를 충분히 짐작할 수 있었다). 아무도 귀에 대고 '마무리'를 외치지 않을지언정 당신이 청중석에 앉았을 때 프레젠테이션이 더 길어지기를 바랐던 경험이 과연 몇 번이나 있었는지 생각해보자. 손에 꼽을 것이다. 이 냉정한 사실을 직장에서의 모든 스토리텔링에 적용해야 한다.

이제 스토리가 무엇인지, 스토리는 어떻게 구성되는지, 어떤 요소를 포함하는지 분명히 알았으니 이 지식을 일터에서 어떻게 활용할 수 있을지 알아볼 차례다. 이번 장에서는 비즈니스 커뮤니케이션에 효과적으로 적용할 수 있는 스토리 요소와 그렇지 않은 요소를 명확히 구분할 것이다.

로젠탈의 경험을 도구 삼아 결말부터 시작해보자.

시작, 중간, 결말을 설계하라

모든 작업은 시작과 중간, 결말이 명확해야 한다. 그중에서도 결말을 명확히 하는 것이 가장 중요하다.

로젠탈이 직접 각본을 쓴 시트콤 〈내 사랑 레이몬드〉의 한 에피소드에서 주인공은 경제적으로 어려움을 겪는 부모 마리와 프랭크에게 생일 선물로 1년간 매월 과일이 배달되는 쿠폰을 선물한다. 당시 큰 인기를 끌었던 이 선물을 마리는 썩 좋아하지 않았다.

첫 번째 과일 꾸러미가 도착했을 때 그녀는 이미 혼란스러웠다. "너무 많아. 배만 10개가 넘네! 이 많은 배를 대체 어떻게 하지?" 매달 여러 종류의 새로운 과일이 배송된다는 사실을 알게 된 그녀는 경악을 금치 못한다. "매달!" 마리는 공포에 질려 밖으로 뛰쳐 나간다. "할 말이 없군! 집에 과일이 넘쳐나는걸."

이 장면은 코믹한 과장으로 유머를 끌어내지만, 로젠탈이 직접 겪은 일을 바탕으로 한 것이다. 그리고 마리의 공포 이면에는 인간적인 진실이 숨어 있다. 따라서 글을 쓸 때도 마리의 반응을 염두에 두는 것이 좋다. 지금 쓰고 있는 글이 계속해서 이어지는가? 그렇다면 독자도 (어느 정도) 마리처럼 반응할 수 있다. '대체 언제 끝나지?'라고 궁금해하면서 말이다.

이 질문은 두 가지 관점을 기반으로 작동한다. 첫째는 '이 커뮤니케이션은 얼마나 오래 걸릴까?' 하는 점이다. 당신의 대화 상대(또는 당신이 작성한 문서를 읽을 사람)는 모두 바쁘다. 정말 바쁘다. 이들은 이전에도 이미 길고 지루한 커뮤니케이션을 여러 차례 경험한 바 있다. 그래서 설레는 마음으로 발걸음을 재촉해 프레젠테이션에 임한다기보다 그저 마지못해, 다소 불안한 마음으로 심지어 두려움을 갖고 자리에 앉는다. 하지만 이는 당신의 이야기가 재미없어서가 아니라 그들이 그저 할 일이 너무 많기 때문이다.

　두 번째 관점은 '이 커뮤니케이션은 언제 끝날까?'하는 점이다. 프레젠테이션에는 청중에 대한 요청사항이 포함되어 있다. 즉, 청중이 참여하도록 요청하거나 그들에게 새로운 프로세스를 소개하기도 한다. 그렇다면 이 과정은 얼마나 길고 복잡할까? 언제 끝날까?

　커뮤니케이션을 할 때는 그것이 언제 끝날지, 그리고 청중의 참여를 요청하는 모든 행동이 언제 끝날지 명확하게 해주는 것이 중요하다.

　커뮤니케이션이 언제 끝날지에 대한 분명한 신호 없이 다양한 주제를 제멋대로 넘나드는 진행 방식은 청중에게 부정적인 감정을 심어줄 수 있다. 또 좀처럼 끝날 기미가 보이지 않는 프로젝트나 프로세스, 시스템, 솔루션에 대해 지지나 참여를 요청하는 커뮤니케이션도 부정적인 반응을 불러일으킨다. 이런 경우 청중은 마음 문을 닫게 되고 당신의 메시지는 갈 곳을 잃는다. 청중의 관심은 사라져버린다.

　이 같은 사실은 스토리텔링 역시 시작과 중간, 그리고 매우 정확한 결말이 중요하다는 점을 상기시킨다. 커뮤니케이션을 시작할 때는 그것이 무엇에 관한 것이며, 어디에서 끝나는지 분명히 해야 한다. 그리고 커뮤니케이션 주제 역시 명확한 종착점이 필요하다.

향후 수년간 도움이 될 업무 관행의 변화를 제안하는 것은 물론 좋은 일이다. 하지만 제안을 듣거나 읽을 사람은 '앞으로 수년 후'를 기준으로 판단하지 않는다. 그들의 성과는 지금 당장 평가된다. 그래서 이들에겐 커리어 궤적을 고려했을 때 합리적인 기간 내에 이룰 수 있는 명확한 종착점이 필요하다. 즉, 눈에 보이는 결과가 있어야 한다는 것이다.

요컨대, 당신은 직원들에게 가치를 제공해야 한다. 그런데 그 가치는 다음 인사평가나 승진에 도움이 되는(혹은 다음 정리해고를 피할 수 있는) 즉각적인 가치여야 한다는 것이다. 올해 안에 성과를 내야 하는 직원을 대상으로 한다면 올해 안에 가치를 제공하는 커뮤니케이션을 해야 한다. 당장 이번 분기에 성과를 내야 하는 직원이라면, 이번 분기 안에 가치를 제공하는 커뮤니케이션이 필요하다.

말이 아니라 행동을 촉구하라

하나의 명확한 메시지에 커뮤니케이션의 초점을 맞추면 모든 말과 글이 훨씬 더 영향력 있고 청중의 기억에 또렷이 남는다. 발표자가 "오늘 오후에는 여러 가지 사항을 다뤄보겠습니다"라고 말하거나 커뮤니케이션 시작에 앞서 당신의 책상에 두꺼운

서류 뭉치가 올려져 있다면 한숨부터 나오게 마련이다.

물론 때로는 처리해야 할 일이 많을 때도 있다. 혹은 할 일이 많다고 생각하기도 한다. 하지만 이런 생각은 대개 커뮤니케이션이 실제로 상대방이 듣고 이해하도록 하는 것이 아니라 무언가를 내가 일방적으로 말하는 것이라는 생각에서 비롯된다.

사람들은 여러 개의 메시지를 기억하지 못하기 때문에 한 번에 전달해봐야 소용이 없다. 그럼에도 한 번에 여러 가지 내용을 전달해야 한다면, 가장 중요한 핵심이 무엇인지 명확히 한 다음 그것을 가장 먼저 전달한 후 가장 나중에 한 번 더 분명히 말한다. 그 외 모든 내용은 부수적이어야 한다. 스토리에는 부차적 줄거리가 있을 수 있지만, 청중의 관점에서 핵심 줄거리가 무엇인 '우리가 하고 싶은 말이 뭐지?'라는 질문은 시작부터 잘못됐다.

이 문제는 모든 커뮤니케이션의 시작과 관련해 훨씬 더 광범위한 문제를 드러낸다. '내가 하고 싶은 말이 뭐지?' 혹은 '우리가 하고 싶은 말이 뭐지?' 두 가지는 완전히 잘못된 질문이다. 그러나 안타깝게도 많은 사람이 이 질문에서 시작한다. 왜 그럴까? 가장 쉽게 시작할 수 있기 때문이다. 하지만 이 질문은 효과적인 커뮤니케이션으로 이어지지 않는다. 위 질문 대신 '우리가 원하는 것은 무엇인가?'라는 질문으로 시작해야 한다.

- 우리는 이 커뮤니케이션 후에 어떤 일이 일어나기를 원하

는가?
- 청중이 우리 이야기를 듣고 나서 무엇을 하기를 원하는가?
- 청중이 이 문서를 읽은 후 어떤 생각을 하기를 원하는가?
- 청중이 우리 이야기를 들으면서 어떤 느낌을 받기를 원하는가?

이와 관련된 몇 가지 다른 질문에도 답할 수 있어야 한다.

- 청중은 누구인가?
- 청중에게 무엇이 중요한가?
- 청중에게 어떻게 가치를 제공할 수 있는가?
- 논의 중인 주제와 관련해 청중의 입장은 어떠한가? 적극적으로 지지하는가? 무관심한가? 적극적으로 반대하는가?
- 청중을 현재 위치에서 우리가 원하는 곳으로 이동시키기 위해 우리가 제공할 수 있는 것은 무엇인가?

이런 질문은 기본적인 비즈니스 전략이나 전술 계획을 수립할 때, 자기 자신에게 던지는 질문과 매우 유사하다.

- 우리는 지금 어디에 있는가?

- 우리는 어디로 가고 싶은가?
- 원하는 곳으로 어떻게 도달할 것인가?

한 가지 차이가 있다면, 우리는 지금 비즈니스를 특정 방향으로 움직이는 것이 아니라 청중을 특정 방향으로 움직이는 것에 대해 이야기하고 있다는 점이다.

'내가 하고 싶은 말이 무엇인가?'라는 질문이 잘못된 출발점이라면, '우리가 하고 싶은 말은 무엇인가?'라는 질문은 한참 더 잘못된 출발점이다. 한 사람이 아닌 여러 사람이 모여 '좋아, 우리가 하고 싶은 말이 뭐지?'라는 질문으로 시작한다고 가정해보자. 이런 경우 각자 해결하고 싶은 부분이 있거나 자신이 기여한 것처럼 보여야 한다는 압박 때문에 구성원 모두가 한마디씩 하게 마련이다. 이렇게 되면 프레젠테이션 준비는 초점을 잃을 수밖에 없다.

팀 단위로 커뮤니케이션을 할 때는 '우리가 하고 싶은 말은 무엇인가?'라는 질문에서 벗어나 '우리는 무엇을 달성하고자 하는가?'라는 질문으로 방향을 전환해야 한다.

퀘스트를 제시하라

어떤 커뮤니케이션이든 명확한 퀘스트와 식별 가능한 목적지를 제시하는 것은 매우 중요하다.

식별 가능한 목적지. 이곳은 당신을 위한 목적지가 아니다. 당신의 요청사항을 청중이 실행했을 때, 당신이 믿으라고 제시한 것을 청중이 믿었을 때, 혹은 당신이 제공한 지식을 청중이 흡수했을 때 도달하게 되는 곳이다.

다시 말해, 제안을 듣거나 읽은 상대방에게 분명한 혜택이나 가치가 제공되어야 한다는 점이다.

(미안하지만) 아무도 당신의 아이디어에는 관심이 없다.

이 도발적인 문장은 직장 내 커뮤니케이션이 무엇인지(혹은 그것이 어떠해야 하는지)에 대한 근본적인 오해를 단적으로 보여준다. 그것은 곧, 문서 작성이나 프레젠테이션은 아이디어를 전달하는 것이라는 생각이다.

많은 사람이 이런 오해를 하는 이유는 중고등학교나 대학에서 그렇게 배웠기 때문이다. 아주 드문 경우를 제외하면, 직장 동료들은 당신이 하는 말에는 별로 관심이 없다. 그들은 오직 자신에게 어떤 이득이 있을지 알고 싶을 뿐이다.

필자가 스토리텔링에 대한 교육이나 코칭을 하다 보면, 아이러니하게도 자신이 글을 잘 못 쓴다고 생각하거나 말하는 사람들과 함께 일하는 것이 오히려 스스로 잘 쓴다고 믿는 사람들과 일하는 것보다 더 쉽게 느껴진다. 후자에 속한 사람들은 학교 과정에서 배운 특정한 방식의 글쓰기를 잘하는 경우가 대부분인데, 이는 비즈니스 글쓰기와 많이 다르기 때문이다.

비즈니스 글쓰기를 시작할 때는 이전에 알고 있던 글쓰기 관련 지식을 과감하게 버려야 한다.

왜 그럴까? 학교에서의 글쓰기는 매우 구체적인 기준에 따라 평가되지만, 비즈니스 환경에서는 이런 기준에 따라 글쓰기가 평가되거나 그 가치가 결정되지 않기 때문이다. 중고등학교나 대학에서의 글쓰기는 독자에게 아이디어를 전달하는 능력에 따라 평가된다.

그러나 비즈니스 환경에서 좋은 글이란 아이디어가 아닌 '가치'를 전달하는 글이다. 이에 대해 시카고대학교 글쓰기 프로그램 책임자 출신의 래리 맥에너니는 다음과 같이 설명한다.

> 본디 글이란 명확하고 체계적이며 설득력이 있어야 한다. 하지만 무엇보다 중요한 것은, 글에는 가치가 담겨야 한다. 가치가 없다면, 다른 어떤 것도 중요하지 않다. 아무런 차별점이 없기 때문이다.
>
> 명확하더라도 가치가 없다면 쓸모없는 글이다. 체계적이더라도 가치가 없다면 쓸모없는 글이다. 설득적이더라도 가치가 없다면 쓸모없는 글이다.
>
> 글의 가치는 독자에 의해 결정된다. 글에서 가장 중요한 것이 콘텐츠가 아닌 독자인 이유다. 가치는 글이 아닌 독자에

게 있다.

스토리와 마찬가지로 글에도 퀘스트가 있어야 한다. 그리고 그 퀘스트의 주제는 독자에게 유용하거나 가치 있거나 득이 되는 것이어야 한다. 그 혜택이 무엇인지 처음부터 알려야 한다. 그래야 독자는 주의를 기울인다. 당신이 훌륭한 아이디어를 가지고 있어서도, 그 아이디어를 아름답게 표현해서도 아니다. 단지, 당신이 말하려는 내용이 독자 자신에게 혜택을 주기 때문에 주의를 기울인다. 조지프 캠벨의 말을 빌리자면, 당신은 그들에게 이익이나 선물을 제공하는 것이다.

대규모 조직에서 진행되는 비즈니스 커뮤니케이션의 아이러니 중 하나는 가장 중요한 프레젠테이션과 문서 작업이 대개 전략적으로 사고하는 이들에게 맡겨진다는 것이다. 이들은 학창 시절 내내 좋은 성적을 받으며 글쓰기도 잘한다는 말을 듣고 자란 사람들이다. 이들은 아이디어라는 화폐로 거래한다. 그래서 이들이 쓴 글은 아이디어 전달에 치중하기 쉽다. 따라서 이런 글은 비즈니스 커뮤니케이션에서는 그다지 효과적이지 않을 수 있다. 물론 이런 글은, 이들과 비슷하게 사고하는 동종업계 내 전략가들에게는 흥미로울 수 있지만 이들이 도달하고자 하는 청중에게는 전혀 아니다.

전략적으로 사고하는 이들에게 글쓰기 업무를 부여하는 것도 나쁘지는 않다. 이들은 이미 글쓰기에 능숙하기 때문이다. 그러나 최종안이 완성되기 전 단계에서 다른 사람에게 넘겨 해당 글이 독자에게 이득이 되는지 반드시 확인해야 한다.

문제/해결 구조를 구축하라

어떤 가치를 전달할지 언급하는 것 즉, 퀘스트의 목적지를 밝히는 것은 커뮤니케이션의 자연스러운 시작과 끝을 제시한다. 가치 전달이 끝이라면, '어떤 가치를 전달할 것인지'를 밝히는 것이 시작이다. 그렇다면 시작에서 끝으로 어떻게 갈 수 있을까? 중간은 무엇일까? 다행히도 좋은 스토리의 기초가 되는 문제/해결 구조는 비즈니스 환경에 완벽하게 적합하고, 쉽게 적용할 수 있다. 이 구조가 비즈니스 스토리 '중간'을 구체화하는 길잡이가 된다.

당신도 잘 알다시피 회사 업무는 해결책을 필요로 하는 문제의 연속이다. 따라서 비즈니스 글쓰기에서 가장 쉬운 부분은 '무엇이 문제인가?'라고 묻는 것이다. 그다음으로 쉬운 부분은 해결책, 곧 '문제를 어떻게 해결할 것인가?'라고 묻는 것이다.

프레젠테이션을 통한 대면 커뮤니케이션의 경우 그레바니어의 활용하는 것이 특히 효과적이다. 일련의 질문과 답변을 통해 문제/해결 구조를 생생하게 전달할 수 있고, 청중의 주의를 내가 원하는 대로 유지하고 유도할 수 있다. 이때 각 슬라이드는 이전 슬라이드의 결론을 구두로 요약하고 다음 질문을 구성함으로써 하나로 연결된다. 해당 질문은 청중의 머릿속에 자연스레 떠올라 다음 슬라이드에서 당신의 해답을 제시한다.

- 이제 모든 데이터를 확보했으니 무엇을 알 수 있을까?
- 지금까지 살펴본 바와 같이 경쟁 업체에 고객을 빼앗기고 있다. 고객이 우리 서비스에 만족하지 못하는 주된 이유는 무엇인가?
- 새로운 업무수행 방식을 전 세계 사업장에 도입하려는 계획이 지연되고 있다. 가장 완고한 태도를 보이는 국가는 어디인가?
- 가장 주저하는 국가를 파악했다. 이들이 새로운 업무수행 방식을 채택하지 않는 이유는 무엇인가?
- 새로운 업무 처리 방식이 해당 지역의 문화에 맞지 않는다는 이유로 저항에 부딪히고 있다. 문화적인 관점에서 우리가 민감하지 못했던 것은 아닐까? 그렇다면 이 상황을 어떻게 개선할 수 있을까?

상당수 비즈니스 프레젠테이션은 위와 같은 구조에 완벽히 들어맞는다. 질문을 일종의 내비게이션 장치로 활용하면, 프레젠테이션을 스토리텔링 형식으로 끌고 갈 수 있다. 잠시 집중력이 흐트러진 청중에게는 빠르게 따라잡을 기회도 제공한다.

또한 질문을 활용하면 프레젠테이션을 어려워하는 사람도 한결 수월하게 발표할 수 있다(각 슬라이드가 이전 슬라이드에서 자연스럽게 이어지므로 갑자기 '길을 잃을' 위험이 훨씬 적기 때문이다). 끝으로 독자를 내면의 독백에서 벗어나도록 하는 데도 도움이 된다. 이 내용은 다음 장에서 구체적으로 살펴보겠다.

스토리 스파인 세우기

커뮤니케이션의 중간을 질문 대신 픽사의 방법(켄 아담스의 스토리 스파인)으로 구성해 콘텐츠에 스토리텔링의 형태와 구조를 부여할 수도 있다.

이 같은 접근 방식은 공동 작업을 할 때 특히 유용하다. 픽사 영화의 높은 인기와 함께 오랜 기간 전 세계를 사로잡은 고전 디즈니 영화의 매력, 그리고 이들 영화의 기반이 되는 동화의 문화적 보편성 덕분에 '옛날 옛적에…' 구조는 거의 모든 사람이 빠르게 파악할 수 있기 때문이다.

물론 발표를 할 때 '옛날 옛적에, 매일, 그 때문에, 그리고 그 이후로' 같은 표현을 큰소리로 말하지는 않을 것이다. 이 구조는 스토리를 만드는 데 사용되는 임시 지지대로 스토리가 끝나면 제거한다.

변화를 강조하라

좋은 비즈니스 커뮤니케이션은 종종 변화를 수반한다. 누군가에게 새롭거나 다른 일을 하도록 요청하거나 하던 일을 중단하도록 제안한다.

물론 예외는 있다. 그러나 단순히 '모든 데이터를 제시'하거나 '지금까지의 진행 상황을 간략하게 요약'하는 경우라도(청중이 특별히 설명이나 사실, 데이터를 요청한 경우에 해당한다) 해당 데이터에서 의미 있는 변화나 비즈니스를 위협하는 부정적 변화를 암시하는 인사이트가 발견된다면, 그것은 스토리가 있는 커뮤니케이션이다. 청중 역시 많은 관심을 갖게 될 것이다.

마찬가지로 당신의 스토리가 청중이 이전에 이해하지 못했거나 알지 못했던 것을 배우는 데 도움이 된다면, 좋은 스토리로 볼 수 있다. 학습은 좋은 스토리에 필수적인 요소다.

'압박감 속에서 배운다'라는 스토리텔링의 요소는 비즈니스 스토리텔링에 완벽히 들어맞는다. 하지만 상대방이 모르는 것을 내가 알려줄 때는 자칫 우쭐대거나 거들먹거릴 수 있으므로 매우 조심해야 한다. 특히 나보다 나이 많은 청중을 대상으로 말할 때는 더욱 그렇다. 이 경우 발타자르 그라시안의 조언을 참고해보자.

1601년 스페인 태생의 그라시안은 예수회 사제 겸 유명한 설교자였다. 정통에서 벗어난 설교 방식 때문에 선임 사제들로부터 질책을 받기도 했지만(한 번은 설교 시간에 '지옥에서 보낸 편지'를 읽기도 했다), 그는 늘 적절한 선을 지키며 정치적으로 영리하게 행동했다. 그의 저술은 쇼펜하우어와 니체 같은 철학자들의 찬사를 받았다.

이 가운데 『지혜의 기술The Art of Worldly Wisdom』은 최고의 역작으로 꼽힌다(책의 제목을 스페인어 원제에 조금 더 가깝게 옮기면 '재량의 기술' 정도가 될 것 같다).

이 책에는 인생의 성공에 도움이 되는 300개의 격언이 담겨 있으며, 그중 상당수는 오늘날에도 여전히 많은 공감을 불러일으킨다. 실제로 이들 격언은 자기계발서 부문 베스트셀러인 로버트 그린의 『권력의 법칙The 48 Laws of Power』에서 25회 이상 인용되었다. '잃을 게 없는 사람과 싸우지 말라.' '현명한 사람은 적을 이용한다.' 등이 대표적이다. 하지만 이 가운데 우리에게 가장 적합한 조언은 다음과 같다.

> 스승보다 빛나는 자리에 있지 말라. 모든 우월감은 불쾌감을 주지만, 신하가 군주에게 우월감을 느끼는 것은 어리석은 짓을 넘어 치명적이다. 하늘의 별을 보면 알 수 있다. 별은 태양의 동반자로 그만큼 밝게 빛날 수 있다. 하지만 결코 태양과 같이 떠오르지 않는다.

청중이 모르는 내용을 전달할 때는(청중이 당신의 지식과 전문성을 배우러 온 자리일지라도) 그들이 이미 알고 있는 것을 정리해서 말한다거나 그들 역시 내가 접한 데이터만 확보했다면 즉시 알아챘을 내용이라는 식으로 말하는 게 좋다. 이에 대해 그라시안은 다음과 같이 설명한다.

> 누군가를 상담할 때는, 그가 보지 못했던 것을 일깨워주는 게 아니라 잠시 잊고 있었던 것을 상기시켜 주는 것처럼 보여야 한다.

이때 '누군가'는 고객사. 고객. 관리자. 이사회 또는 CEO으로 대체할 수 있다. 하지만 원칙은 동일하게 유지된다. 회의실에서 가장 똑똑한 사람이 되고 싶은 충동이 느껴지는가? 그럴 때마다 심호흡하며 충동을 제어해보자. 그리고 다른 사람들이 똑똑하다고 느낄 수 있도록 해보자.

스토리텔링은 변화를 주도한다

다행히도 스토리텔링 구조는 우리가 행동 변화 모델에 대해 알고 있는 것과 거의 유사하다.

예를 들어, 행동의 변화를 유도하려면 그 너머에 있는 긍정적 미래에 대한 명확한 비전을 제시하는 것이 중요하다. 현재 상황의 문제점만 지적한다면, 변화의 필요성을 머리로는 알지만,

행동으로 옮기기는 꺼릴 수 있다. 이때 더 밝은 미래를 보여주는 것은 좀 더 큰 동기를 부여한다. 긍정적인 미래에 대한 확실한 비전은 스토리텔링의 핵심이다.

이와 마찬가지로 행동 변화 모델은 원하는 변화로 나아가기 위한 단계별 지침을 명확하게 제공하며 이를 매우 중요하게 여긴다. 사람들은 단순히 현재 식습관의 문제를 지적받을 때보다 건강한 식품을 사용한 간단하고 손쉬운 레시피를 받을 때 건강한 식단을 채택할 가능성이 더 크다. 이 같은 접근 방식은 스토리의 문제/해결 구조를 채택함으로써 거의 비슷하게 적용할 수 있다.

그들의 이야기, 그들의 언어로 말하라

비즈니스 커뮤니케이션에서 가장 중요한 관계는 콘텐츠와 맺는 관계가 아닌 청중과 맺는 관계여야 한다.

앞서 언급했듯, 커뮤니케이션은 청중에게 가치나 혜택을 제공해야 하는데, 그 제공 여부는 누가 결정하는 것일까? 당연히 청중이다. 당신이 아니다.

"청중은 자신과 상관없는 이야기에는 귀를 기울이지 않는다." 존 스타인벡의 이 같은 생각은 직장에서도 그대로 적용된다. 청중은 자신과 관계가 없거나 득이 될 게 없는 이야기에는 바로 고개를 돌린다. 아무리 반직관적으로 보일지라도 스토리의 주인공이 당신이 되어서는 안 되는 이유가 여기에 있다.

실제로 이것은 직관적이지 않다. 누군가 당신 회사의 역량을 보고 싶다고 하거나 잠재고객이 '제품에 대해 말해달라'라고 요청할 때, 혹은 회사 고위급 인사가 당신과 당신이 속한 팀이 하는 일에 관해 설명해달라고 할 때는 어떨까? 이럴 때는 당신, 당신이 속한 팀이 하는 일, 당신의 제품에 관한 스토리를 만들어 제공해야 할까?

그렇지 않다.

'귀사에 대해 말해달라'라는 것은 '귀사가 나와 우리 회사를 위해 무엇을 할 수 있는지 말해달라'라는 의미다. 또 '제품에 대해 알려달라'라는 것은 '해당 제품이 나와 우리 회사에 어떻게 도움을 줄 수 있는지 알려달라'라는 뜻이다. 그리고 '당신과 당신이 속한 팀에 대해 말해달라'라는 것은 '당신과 당신 팀이 내게 어떻게 가치를 더하고, 내 삶을 수월하게 만들며, 우리 회사에 돈을 벌게 해줄 수 있을지 설명해달라'라는 뜻이다. 요컨대, 위 모든 질문은 '어떻게 내게 가치를 더할 수 있는가?'라는 질문의 변형된 버전인 셈이다.

그런데 우리가 주인공 노릇을 했다면 어떨까? 특별히 애를 쓰고 노력해 보고서를 작성했다면? 고객사 한 곳을 위해 모든 경쟁사보다 가격을 낮췄다면? 우리 회사 알고리듬이 경쟁사보다 훨씬 뛰어나다면? 그래도 우리는 주인공이 될 수 없을까?

그렇지 않다. 실제로 아무리 뛰어난 역할을 했다고 해도 당신이 스토리의 주인공이 되어서는 안 된다. 대표적인 사례로 2004년 존 케리가 대선 후보로 출마했을 때의 상황을 꼽을 수 있다. 케리는 당시 대통령이었던 조지 W. 부시에 도전장을 내밀며 대권에 도전했다.

존 케리는 전쟁 영웅이다. 그는 베트남전 참전 공로를 인정받아 두 개의 퍼플 하트 훈장, 그리고 은성 훈장과 동성 훈장을 각각 한 개씩 받았다(반면 부시는 아버지의 정치적 영향력을 이용해 참전을 피한 것으로 알려졌다). 따라서 케리가 자신의 영웅 같은 군 경력을 두드러지게 내세운 건 어쩌면 당연한 일이었다. 상대 후보보다 자신의 우월성을 확실하게 입증할 수 있는 분야였기 때문이다. 선거에서 이기려면 이렇게 하는 게 맞지 않을까?

아니, 그렇지 않다. 제품을 판매하는 것도 마찬가지다. 경쟁사 제품보다 우월함을 입증하는 데 목적이 있는 게 아니다. 이것이 바로 1장에서 언급한 '논리적 근거 제시'의 오류다. 이렇게 하면 지적인 논쟁에서는 이길 수 있을지 몰라도 청중의 마음을 얻지는 못한다. 오히려 밀어낼 뿐이다.

기본적으로 케리는 자신에 대해 이야기한 반면, 부시는 미국이 성취한 것, 그리고 미국이 성취할 수 있는 것에 대해 이야기했다. 요컨대, 케리의 연설에는 자신의 이야기가, 부시의 연설에는 '그들의 이야기'가 있었다.

스토리의 주인공이 당신이라면, 청중을 위한 여지는 거의 없다. 설령 있다고 하더라고 그들은 이미 조연으로 전락한 것이나 마찬가지다. 스토리를 전달할 때 당신은 조연이어야 한다. 늘 주인공이 돼야 하는 청중을 도와 그들을 빛나게 하기 위해 존재할 뿐이다.

직장 경험이 조금이라도 있다면 커뮤니케이션할 때 전문용어는 되도록 사용하지 말라는 말을 한 번쯤 들어봤을 것이다. 여기서 한 걸음 더 나아가보자. 계약서나 기타 법적 문서를 작성할 때를 제외하고는 글을 쓸 때도 그저 말하는 것처럼 써 내려가는 게 좋다.

스토리텔링 언어는 우리가 일상적인 대화에서 서로에게 말하는 언어다. 평범하고 일상적인 언어를 사용한다면, 이미 청중에게 스토리텔링을 하는 것이다. 전문용어와 비즈니스 관련 문구에 현혹되는 순간, 스토리텔링 언어를 벗어나 각종 문서 기호나 논리적 주장의 언어로 빠져들게 된다.

이를 피하는 한 가지 방법은, 작성한 글을 소리 내어 읽어보는 것이다. 속으로만 읽는 게 아니라 소리 내어 읽어야 한다. 혀끝에서 자연스럽게 나오지 않는다면 제대로 된 글이라고 볼 수 없다. 소설이나 영화에서 볼 수 있는 스토리텔링에는 비즈니스 스토리텔링에 바로 적용할 수 있는 부분이 많다. 하지만 쉽게 적용할 수 없는 스토리텔링의 요소는 무엇일까?

피해야 할 것1. 놀림과 폭로

예술 분야의 뛰어난 스토리텔러는 긴장감을 조성하거나 미스터리를 유도하기 위해 청중에게 핵심 정보를 숨긴다. 하지만 직장에서는 이런 방식이 통하지 않는다. 짜증만 유발할 뿐이다. 문서나 프레젠테이션에서 청중을 놀리는 것, 즉 지식 격차를 만드는 것은 심한 반감을 불러일으킨다.

뛰어난 스릴러 작가는 결정적 장면을 1장 끝에 남겨두고, 2장에서는 부차적인 주제를 다룬 다음 다시 1장 끝으로 돌아와 결정적 장면을 해결한다. 이와 함께 2장 마지막에 또 다른 결정적 장면 하나를 더 남겨두고, 이것은 4장 마지막이 되어서야 풀어낸다. 이런 식으로 책 전반 걸쳐 독자의 흥미를 유지한다.

이것은 쉽게 익힐 수 있는 기술도 아니고, 익힐 필요도 없다. 그러니 조금 더 수월하게 가보자. 놀림이나 폭로의 기술을 사용하지 말자. 미스터리와 서스펜스를 만들려고 하지 말자. 잘못하면 청중을 소외시킬 뿐이다.

흥미롭게도 이 분야에 대한 연구에 따르면, 인간은 스토리의 결말을 알고 싶어 한다. 누군가 결말부터 알려주는 사람을 우리는 인핸서(개선하는 사람)가 아닌 스포일러(망치는 사람)이라고 부른다. 이 점을 고려하면, 위 결과는 다소 이상해 보인다. 하지만 여기에 주목해야 한다.

이와 관련해 추리소설의 여왕 아가사 크리스티를 비롯해

여러 작가의 스토리를 사용한 연구가 진행됐다. 일부 사람에게는 결말을 설명하는 도입부를 제시하며 스토리를 읽게 했고, 또 다른 무리에게는 아무런 추가 정보 없이 스토리를 읽게 했다. 그러자 놀랍게도 참가자들은 '아무런 정보가 없는' 버전보다 '다양한 정보가 있는' 버전을 더 선호했다. 이에 관해 연구자 중 한 명인 심리학자 조나단 리빗은 이렇게 언급했다.

> 일단 스토리의 결말을 알고 나면 훨씬 더 수월하게 인지할 수 있다. 정보를 더 편안하게 처리하면서 더 깊이 이해하는 데 집중할 수 있기 때문이다.

심리학자 아도리 두라야파는 이 같은 '스포일러의 역설'에 대해 다음과 같이 설명했다. "실험 결과는 스포일러가 실제로는 스포일러가 아니라는 것을 의미한다. 스포일러는 복잡한 이야기를 단순화하여 더 쉽게 처리할 수 있게 해준다."

요컨대, 전달하고자 하는 메시지가 복잡한 경우 커뮤니케이션의 종착지를 먼저 제시하면 청중은 조금 더 쉽게 메시지를 파악할 수 있다는 점을 고려해야 한다.

피해야 할 것 2. 맥락 없는 일화

스토리텔링이 비즈니스에서 일종의 유행처럼 퍼지면서 그저 개인적 일화로 프레젠테이션을 시작하면 그게 곧 스토리텔링이라고 착각하는 경우가 많아졌다. 무척 안타까운 일이다.

이 같은 오해는 소위 오글거리거나 우울한 이야기로 시작하는 각종 프레젠테이션과 테드TED 강연이 확산하며 생겨난 경향이 있다. 다음과 같이 시작하는 강연이 대표적이다.

"저는 열두 살 때 아버지를 도와 철물점에서 일했습니다. 처음에는 바닥을 쓸고 선반을 쌓는 것이 전부였지만, 저는 바닥을 쓸 때도 자부심을 갖고 쓸었습니다!"

위 연사는 스토리텔링이 좋은 것이며, 자신의 이야기를 솔직하게 공유하는 것 역시 좋은 것이라고 보고 들은 적이 있을 것이다. 물론 공유하는 건 때로 좋은 일이다. 새로운 프로젝트 팀을 구성하는 경우, 서로에게 마음을 여는 건 팀 결속에 도움이 될 수 있다(단, 잘 훈련된 조정자의 도움을 받아야 한다. 사람들이 스스로 취약한 모습을 드러내도록 장려하는 자율 세션은 팀의 유대감을 형성하기는커녕 오히려 망칠 수 있다). 개인적 이야기의 공유는 팀 내 유대감 형성을 촉진하기도 하지만, 그것이 비즈니스 커뮤니케이션을 시작하는 가장 좋은 방법은 아니다.

일화 제시가 요점 전달에 도움이 될 것으로 생각한다면, 2장에서 설명한 스토리 구조를 따라 청중(혹은 청중이 쉽게 공감할 수 있는 사람)이 주인공이 되는 일화를 만들어보자.

일화 제시를 통해 요점을 전달하는 방법은 대다수 청중도 같거나 비슷한 일을 겪었다는 확신이 있을 때만 사용해야 한다. 당신의 경험이 중요하지 않다는 뜻이 아니다. 물론 중요하다. 하지만 다른 사람과 소통할 때 경험담이 늘 최고의 수단은 아니다. 오히려 경험담이 전달하고자 하는 메시지를 모호하게 하는 경우도 많다.

피해야 할 것 3. 혼자 떠들기

스토리텔링이 일방적 커뮤니케이션이라는 점은 거의 자명해 보인다. 하지만 하고 싶은 말을 다 하더라도 청중의 관점에서는 화자와 대화하고 있다는 느낌을 받도록 노력해야 한다.

관련 연구에 따르면, 회의가 잘 진행되었다고 생각하게 만드는 가장 강력한 요소 중 하나는 얼마나 많은 이야기를 나누었는가 하는 점이다. 회의를 장악할 필요도, 내 의견이 늘 관철될 필요도 없지만, 사람들이 내 의견에 귀 기울이고 있다는 느낌은 꼭 필요하다. 따라서 혼자만 말하고 다른 사람은 듣기만 하는 방식으로 프레젠테이션이 진행된다면, 스스로 잠재적인 문제를 만들고 있는 것이나 마찬가지다. 그 결과 많은 회사에서 일반적으로 사용하는 전통적인 '프레젠테이션' 형식에는 치명적인 결함이 있다고 볼 수 있다. 청중은 자신이 말을 많이 했다고 생각하지 않을 것이고, 따라서 회의가 잘 진행되었다고 생각하지 않을 가능성이 크다.

프레젠테이션, 즉 스토리를 대화에 더 가깝게 만들 수 있는 방법을 찾아야 한다.

이를 위한 가장 확실한 방법이자 일상적으로 사용되는 방법은 청중이 질문할 여지를 남겨두는 것이다. 이 방법은 간단해 보인다. 하지만 '내가 하고 싶은 말이 무엇인가?'를 기준으로 프레젠테이션을 준비하는 사람들은 가능한 많은 내용을 담으려는 경향이 있다. 그러다 보면 발표 시간을 초과하는 경우가 많고, 질의응답 시간이 줄어들게 된다. 그럼에도 발표자는 제 몫을 다했다고 여기며 모든 요점을 전달한 것으로 생각한다. 하지만 진정한 의미의 커뮤니케이션은 거의 이루어지지 않았고, 따라서 청중은 기본적으로 좋은 회의였다고 생각하지 않는다는 사실을 발표자는 깨닫지 못한다.

자, 이제 여기까지 제대로 읽었다면 착륙지점이 스토리텔링과는 거리가 멀고, 진정한 소통을 위한 좋은 모델이 아니라는 점을 깨달았을 것이다. 만약 당신이 청중을 그저 아스팔트가 깔린 활주로의 착륙지점쯤으로 축소해버린다면 청중과 관계를 구축하는 능력이 떨어져 그들의 참여나 지지를 유도하지 못할 것이다. 또 청중을 당신의 관점대로 설득하지 못할 가능성이 크다(혹은 아무것도 팔지 못할 수 있다).

이를 개선할 수 있는 가장 좋은 방법은 청중의 참여 기회를 회의가 끝날 무렵 잠깐으로 제한하지 않는 것이다. '괜찮으시다면 질문은 회의 끝에 한꺼번에 받겠습니다'라는 언급은 최대한 피해야 한다. 대신 어느 시점에서든 질문을 환영한다는 점을 분명히 밝혀야 한다.

이렇게 설명하다 보면 일부 사람의 저항에 부딪히게 된다. 질문으로 인해 활주로에서 탈선해 핵심 지점까지 착륙하는 데 실패하면 어떡하느냐는 것이다. 그럼 나는 교통수단의 비유를 교묘하게 무시하면서 이것은 진정한 인간적인 상호작용을 위해 지불해야 하는 작은 대가일 뿐, 탈선하는 것이 아니라 오히려 더 깊이 소통할 기회가 주어지는 것이라고 설명한다.

이렇게 자유로운 질문을 허락한다고 해도 청중은 여전히 발표자의 말을 방해할까 봐 질문하기를 꺼릴 수 있다. 따라서 질문은 언제든지 환영이라는 점을 주기적으로 상기시켜 주는 게 좋다.

잘 알고 있는 청중이라면 발표자가 개인적인 질문을 건넬 수도 있다. "아만다, 이 분야에 관심이 많은 것으로 아는데요. 이 시점에서 하실 말씀이 있을까요?"

대화 분위기를 조성하는 가장 좋은 방법은 청중의 내면의 소리를 예상하고 그것을 표현하는 것이다. 즉, 청중을 대신해 질문하는 것이다.

두 번째 슬라이드를 보여줄 때 청중은 어떤 생각을 하고 있을까? 그것이 바로 세 번째 슬라이드의 주제가 되어야 한다. 여기서도 그레바니어의 명제가 적용된다. 즉, 우리가 말하는 내용에서 생겨날 수 있는 질문을 인식하고, 그 질문(청중의 내면의 목소리를 예상해)을 던지며, 그 질문에 대답하는 것이다.

이 같은 질문/답변 형식을 사용해 청중의 마음속 대화에 생명을 불어넣을 수 있다면, 그들은 실제로 말하지 않더라도 발표자가 자신의 목소리에 귀를 기울인 것으로 생각할 것이다.

스토리 생성 소프트웨어를 연구한 학자들은 바로 이 지점, 즉 스토리와 독자 간 상호작용이 이뤄지는 지점에 주목했다. 스토리의 각 문장은 독자에게 어떤 영향을 미치는가? 또 독자의 마음속에 어떤 질문을 촉발하는가? 그리고 그 질문은 다음에 이어지는 문장에 어떤 영향을 미치는가?

이것이 바로 스토리텔링의 핵심이며, 스토리와 독자가 만나는 방식이다. 에든버러대학교 인공지능학과의 폴 베일리 교수는 〈스토리를 찾아서Searching for storiness〉라는 제목의 흥미로운 논문을 통해 청중의 스토리 기여도를 탐구했다. 논문에서 그는 NBC 스토리 부서의 책임이자 스토리텔링 전문가인 도나 쿠퍼의 다음과 같은 통찰을 소개한다.

> 스토리를 처리하는 에너지는 스토리 정보에 대한 반응으로 청중의 부정적 공간에서 형성되는 질문의 결과다. 다시 말해 청중은 스스로 질문을 던져 방향을 잡고, 무수히 많

은 정보를 탐색하며, 무엇이 중요하고 중요하지 않은지 파악한다. 또한 청중은 질문만 하는 것이 아니라 가능한 답을 제시하려고 노력한다.

미국 국립과학원 회보에 게재된 논문에서 로렌 실버트와 동료 연구원들은 기능적 자기공명영상fMRI 뇌 스캔을 통해 언어적 의사소통 중 화자와 청자 모두의 뇌 활동을 기록한 연구에 대해 논의했다.

연구팀은 화자의 활동은 청자의 활동과 공간적으로 일시적으로 결합해 있지만, 이들이 효과적으로 의사소통을 하지 못하면 이러한 결합은 사라진다는 사실을 발견했다. 흥미롭게도 청자의 뇌 활동은 대개 화자의 뇌 활동을 아주 약간의 시차를 두고 그대로 반영했지만, 청자의 뇌가 화자의 뇌 활동을 따르지 않고 예상하는 경우도 있었다. 그런데 예상하는 횟수가 많을수록 청자의 이해도는 높아졌다.

이는 청자가 화자보다 한 발짝 앞서가면, 더 깊이 있고 구체적인 의사소통이 가능하다는 점을 보여준다. 이는 전혀 예상치 못한 의사소통 모델로 프레젠테이션을 할 때는 보통 화자가 회의실에서 가장 똑똑한 사람이 되어 좌중을 지배하고자 하는 우리의 욕망에 반하는 것이다. 수동적이고 수용적인 청중에게 우리의 탁월한 지혜나 매혹적인 데이터, 기발한 아이디어를 뿜어내듯 드러내기보다 청중이 이미 내린 결론으로 그들을 이끌면 훨씬 더 효과적으로 소통할 수 있다.

　핵심적인 모든 프레젠테이션이나 문서에는 시작과 중간, 끝이 있어야 한다. 또 한 가지 주제를 다루는 통일성도 필요하다. 주인공의 여정이나 스토리 스파인을 활용한 구조화도 가능하지만, 어느 쪽이든 문제/해결 스토리 구조의 기복을 포함해야 한다.

　문제/해결 구조와 관련해 직장에서 스토리텔링에 생명을 불어넣으려고 할 때 직면하는 몇 가지 문제가 있다. 다음 장에서는 이 문제와 함께 이를 극복할 방법에 대해 살펴보도록 하자.

# 4장

당신의 발표가 끌리지 않는 이유

휫필드 디피가 더 중요한 일에 몰두하지 않았더라면 파워포인트PowerPoint는 스토리텔링의 훌륭한 도구가 될 수 있었을 것이다. 하지만 그는 더 중요한 일에만 매달렸고, 결국 파워포인트가 스토리텔링의 훌륭한 도구가 되는 일은 일어나지 않았다.

디피는 현대 암호학의 선구자로 동료 마틴 헬만과 함께 2015년 컴퓨터 과학 분야에서 가장 권위 있는 상인 튜링상을 수상했다. 이들은 주로 인터넷의 보안 프로토콜 분야를 연구했다.

1981년 벨-노던 리서치Bell-Northern Research에서 근무하던 디피는 프레젠테이션을 준비하고 있었다. 당시만 해도 35mm 슬라이드가 발표 도구의 전부였다. 그는 동료 한 명이 종이에 검은색 프레임을 그릴 수 있는 간단한 프로그램을 만들었다는 소식을 들었다. 디피는 이 프로그램을 이용해 일련의 직사각형 프레임을 만들어 그 안에 소량의 텍스트를 넣을 공간을 확보했다. 이는 스토리보드 템플릿을 만드는 기본 프로그램이 되었고, 디피는 파워포인트에 대한 최초의 영감을 얻었다.

하지만 그는 이 아이디어를 더 발전시키는 데 관심이 없었고, 나중에 인정했듯, 그 잠재력도 보지 못했다. 당시 그가 기회를 포착했다면 파워포인트는 스토리텔링을 위해 완벽하게 설계된 소프트웨어로 발전할 수 있었을 것이다.

정작 디피는 자신의 아이디어에서 미래를 보지 못했지만, 벨-노던의 컴퓨터 과학 연구 책임자 로버트 개스킨스는 확실한 영감을 얻었다. 3년 후, 실리콘밸리 소프트웨어 업체 포어소트 Forethought로 자리를 옮긴 개스킨스는 소프트웨어 개발자 데니스 오스틴을 고용해 오늘날 파워포인트로 알려진 제품 개발에 착수했다. 당시에는 프레젠터Presenter라는 이름으로 불렸다.

하지만 여기서 중요한 점이 있다. 기본적으로 파워포인트의 '슬라이드 정렬' 보기와 유사한 디피의 스토리보드는 스토리텔링을 위한 완벽한 시각적 진입점이다. 하지만 얼마나 많은 사람이 '슬라이드 정렬' 보기에서 파워포인트 프레젠테이션을 만들까? 그리 많지 않다. 하지만 개스킨스가 개발한 제품은 완전히 달랐다.

필자는 꽤 오랫동안 파워포인트가 스토리텔링 도구로 사용돼야 한다고 착각하고 있었다. 이후에는 파워포인트는 설계가 잘못됐다고 생각했다. 하지만 알고 보니 그렇지 않았다. 애초에 개스킨스는 파워포인트를 요약 도구로 설계했다.

발표는 구두로 하되 이를 뒷받침하는 길고 세부적인 내용은 문서로 작성하고, 파워포인트를 이용해 핵심 내용을 빠르게 요약하는 것. 이것이 파워포인트를 향한 개스킨스의 비전이었다. 본래 파워포인트의 비즈니스 프레젠테이션은 53쪽 분량의 문서였지만, 이후 보다 짧은 12개 슬라이드 요약본으로 보완되었다.

파워포인트의 글머리 기호 목록은 이러한 작업에 이상적이다. 하지만 대부분 사람이 실제로 사용하는 작업에는 적합하지 않다.

발표는 왜 그렇게 어려울까?

스토리텔링 언어는 기본적으로 우리가 매일 사용하는 언어다. 친구나 가족과의 일상적인 대화 대부분이 서로에게 스토리를 말하는 것이라면, 왜 그토록 직장에서의 스토리텔링은 어려운 걸까? 이 주제에 관한 책까지 필요한 이유는 무엇일까? 우리는 왜 일정한 절차를 따라야 하는 걸까?

첫 번째 이유는 가까운 사람들과의 일상적인 대화에서 스토리텔링 구조를 실제로 사용하지만, 이때 우리는 각 관계에서 수년간 쌓아온 지식과 이해를 바탕으로 축약된 방식으로 스토리를 말하기 때문이다. 예를 들어, 친밀한 사람들과 이야기할 때는 그들의 눈높이에 맞추기 위해 각 스토리에서 매번 '고양이를 구하는 순간'에 대해 언급할 필요가 없다. 그들은 나와 가까운 사이므로 나를 좋아하고 내 스토리에 공감할 것이라는 전제하에 스토리를 말한다.

하지만 이것이 직장에서는 적용되지 않는다. 물론 친한 동료들과의 비공식적인 상황에서는 다를 수 있지만, 중요한 문서나 프레젠테이션에서는 적용할 수 없다.

두 번째 이유는 가장 강력하고 보편적인 비즈니스 커뮤니케이션 도구 중 하나인 파워포인트가 오히려 스토리 전달을 어렵게 하고, 스토리텔링에 반하는 글머리 기호 나열의 세계로 우리를 이끄는 탓이다. 실제로 파워포인트는 그렇게 설계되었다. '파워포인트에 의한 죽음'이라는 문구가 비즈니스 어휘집에 등장했다는 사실은 파워포인트를 사용한 프레젠테이션이 얼마나 끔찍한지를 보여준다. 그렇다고 소프트웨어만 탓하는 것은 옳지 않다. 잘못은 이를 사용하는 사람들에게 있기 때문이다. 그렇지 않은가? 파워포인트가 사람을 지루하게 만드는 것이 아니라 사람이 사람을 지루하게 만드는 것이 아닐까?

이렇듯 잘못된 사용자와 도구의 역학 관계를 염두에 두더라도 진실은 그 중간 어딘가에 있다. 필자는 파워포인트를 통해 이뤄지는 그릇된 커뮤니케이션 대부분은 실제로 소프트웨어 탓이라고 주장하고 싶다. 실제로 파워포인트는 사람들을 옳지 않은 커뮤니케이션으로 이끈다.

파워포인트 함정에서 벗어나라

각종 문서 작업과 프레젠테이션에 광범위하게 사용되는 파워포인트는 이제 수많은 사람과 기업의 커뮤니케이션 방식을 대표하게 되었다. 왜 그럴까? 아이디어나 생각을 전달하는 매개체로서 탁월하기 때문이다. 슬라이드에 어떤 내용이 들어갈지 정확히 알고 있다면, 파워포인트를 사용해 매우 쉽고 빠르게 만들 수 있다. 파워포인트의 직관적인 특징 덕분이다.

그러나 안타깝게도 파워포인트는 완전히 잘못된 방향으로 작동하기도 한다.

미묘하게, 아니 명백하게 사용자가 스토리텔링과는 정반대의 방식으로 소통하도록 이끌 수도 있다. 물론 파워포인트는 아주 훌륭한 요약 도구다. 그러나 40년이 넘도록 사람들은 파워포인트를 요약이 아닌 전체 프레젠테이션 구성에 사용했음에도 불구하고, 파워포인트는 이 부분을 반영해 발전하지 못했다. 사실상 파워포인트는 프레젠테이션에 적합하지 않은 수단이 됐다. 쉽게 말해 우리의 적이다. 따라서 우리는 파워포인트가 제대로 기능하지 못하는 부분을 길들여야만 아이디어나 생각을 전달하는 매개체로서 탁월한 기능을 효과적으로 활용할 수 있다.

파워포인트의 슬라이드 형식은 무척 다양하다. 또 많은 회사에서 자체 템플릿을 만들기도 한다. 하지만 일반적으로 파워포인트에서 새 슬라이드를 열면 두 가지 지침이 등장한다.

- 클릭해서 제목 추가하기
- 클릭해서 텍스트 추가하기

이 두 가지 간단한 지침 때문에 파워포인트는 우리를 스토리텔링에서 벗어나게 한다.

먼저 텍스트부터 살펴보자.

클릭해서 텍스트 추가하기

현재 사용 중인 버전이 자동으로 모든 줄의 시작 부분에 글머리 기호를 넣도록 기본 설정되어 있지 않더라도, 지금까지 그렇게 설정된 슬라이드를 사용해왔을 가능성이 크다. 이 같은 기본 설정과 함께 다른 사람이 만든 수많은 슬라이드를 봐온 탓에 누구라도 글머리 기호에 의존하지 않는 슬라이드는 만들기가 어렵다. 또 다른 사람이 만든 것에서도 글머리 기호가 빠진 슬라이드는 거의 찾아볼 수 없다.

그렇다면 글머리 기호에 지나치게 의존하는 슬라이드 작성이 왜 안 좋을까? 1장에서 목록은 기억에 남지 않으며, 논리적인 근거가 프레젠테이션을 구성하는 최적의 방법이 아니라는 점을 확인했다. 그런데 글머리 기호는 본질적으로 목록에 속하며, 논리적 주장의 자연 서식지로 볼 수 있다. 글머리 기호는 스토리텔링에 생명을 불어넣는 인과적인 흐름을 망쳐버린다.

물론 글머리 기호가 늘 나쁜 건 아니다. 요약하는 경우처럼 목록이 유용할 때도 있고, 논리적 주장이 무엇인지 알아야 할 때도 있다. 제대로 사용하면 효과적이다. 하지만 스토리텔링의 흐름을 방해할 수 있으므로 매우 신중하게 사용해야 한다. 모든 영역에 무차별적으로 끼워 넣어서는 안 된다.

이제 다음으로 넘어가보자.

클릭해서 제목 추가하기

딱히 잘못된 게 없어 보인다. 무엇이 문제일까?
제목은 스토리텔링의 죽음을 의미한다. 제목은 스토리를 죽이고 비즈니스 논증으로 바꾸어버린다. 제목은 슬라이드 표현을 어렵게 만들어 자연히 청중의 이해도 어렵게 한다.

간단히 말해 공간과 시간의 낭비인 셈이다.

파워포인트(또는 슬라이드를 사용하는 각종 소프트웨어)를 효과적으로 사용하려면 제목을 '스토리텔링 헤드라인'으로 바꿔야 한다. 말 그대로 당신의 스토리가 무엇인지 말해주는 헤드라인이어야 한다.

그렇다면 제목과 스토리텔링 헤드라인의 차이는 무엇일까? 우스꽝스러운 예를 하나 들어보자. 기존의 슬라이드 제목이 얼마나 어리석고 의미 없는 것인지를 강조하고자 매우 유치한 예시를 하나 들어보겠다.

한 조직의 팀원으로 속한 필자가 프레젠테이션을 앞두고 있다고 가정해보자. 발표 내용은 길지만, 슬라이드 하나만 전달해야 한다. 내용을 확인해보니 청중이 알아야 할 것은 5분 전에 고양이가 정확히 어디에 있었는가 하는 점이다. 그렇다면 내 슬라이드의 핵심 내용은 다음과 같은 문장이 될 것이다.

고양이는 매트 위에 앉아 있었다.

이것이 내가 전달해야 하는 핵심 내용이다. 청중은 고양이가 어디에 있었는지 알아야 하고, 나는 그것을 말할 수 있다. 위 문장은 핵심 내용이자 내가 크게 말해야 하는 메시지이므로 스토리텔링 헤드라인도 똑같이 잡았다. 단 한 장뿐인 슬라이드의 헤드라인은 다음과 같다.

고양이는 매트 위에 앉아 있었다.

아주 간단하다. 그런데 이 단순한 문장이 어떻게 잘못될 수 있을까? 일반적으로 다음과 같은 일이 벌어진다. 파워포인트를 열면 '클릭해서 제목 추가하기'라는 상자가 보인다. 그럼 이런 생각이 든다. 그래…. 맞아…. 음…. 이 슬라이드에 어떤 제목을 붙여야 할까?

제목이 뭔지 너무나 잘 알고 있다. 수년간 수천 개의 제목을 봐왔으니 말이다. 이를테면 이런 식이다. '회사 소개' '도전 과제 및 목표' '솔루션' '잠재 시장' '역풍과 순풍' '이점' 이 같은 제목은 짧고 간결해 슬라이드가 어떤 내용을 담고 있는지 알려준다.

이후에는 이런 생각이 든다. 음…. 이 슬라이드는 무엇에 관한 내용이지? '고양이가 어디에 있었는지'에 관한 내용이라고 퍼뜩 떠오른다. 하지만 청중에게 깊은 인상을 남기고 싶은 마음에 조금 더 교육적인 표현을 생각해내고, 다음과 같은 제목을 붙이게 된다.

반려동물 위치

그런데 이 프레젠테이션은 새로운 고객 확보가 목표라는 점을 상기한다. 그래서 좀 더 그럴듯해 보이는 게 낫겠다는 생각에 제목을 다음과 같이 바꾼다.

우리만의 인사이트

한 발 더 나아가 우리는 리서치 회사고, 이 정보가 데이터에 기반하고 있음을 보여주고 싶다고 생각한다. 그래서 제목 어딘가에 '연구'라는 단어를 넣으면 좋을 것 같아 시도해본다.

연구 결과: 동물 배치

이후 팀장으로부터 한 통의 이메일을 받는다. 프레젠테이션 전반에 걸쳐 우리 회사의 맞춤형 기술을 기반으로 경쟁사와 차별화되는 부분을 강조하는 게 중요하다는 내용이었다. 그래서 나는 우리 회사 제품을 주인공으로 만들어보기로 했다! 그리고 이런 제목을 생각해냈다.

고양이 위치 플러스™ 알고리즘의 장점

우스꽝스러운 예시가 아닐 수 없다. 하지만 파워포인트 슬라이드에서 이와 비슷한 제목을 수없이 봤을 것이다. 이들 모두 시작은 좋은 생각에서 비롯된 것이다. 전문적으로 보이고 싶고, 경쟁사와 차별화되고 싶고, 좋은 도구와 시스템을 선보이고 싶은 마음이다.

하지만 이런 제목은 전혀 도움이 되지 않는다. 그저 공간 낭비일 뿐이다. 제목은 청중에게 슬라이드의 내용을 알려주는 역할을 하는데, 이 역할은 불필요할 뿐 아니라 커뮤니케이션에 오히려 해가 된다. 제목이 불필요한 이유는 간단하다. 청중은 새로운 슬라이드가 등장할 때마다 슬라이드의 나머지 내용이 무엇인지 대략 알려주는 장치인 제목을 읽을 필요가 없다. 왜 그럴까? 슬라이드 나머지 부분이 바로 눈앞에 있기 때문이다.

제목이 해가 되는 이유 역시 간단하다. 연구에 따르면, 프레젠테이션에서 새로운 슬라이드가 등장하면 청중은 약 5~6초 동안 집중한 후 주의를 돌려 다른 생각을 한다. 이것은 발표자가 지루해서가 아니라 인간이기 때문에, 인간의 마음은 방황하기를 좋아하기 때문이다. 발표자가 매우 카리스마 있는 경우 그보다 조금은 더 주의를 끌 수 있겠지만, 실제로 청중을 잡아둘 수 있는 시간은 5~6초 정도에 불과하다.

결국 슬라이드 상단에 제목을 붙인다는 것은 5초간 대략적인 내용 전달에 시간을 낭비하겠다는 뜻이다. 핵심 내용을 언급할 때쯤이면 청중의 관심은 이미 사라졌을 가능성이 크다.

이렇게 되면 귀중한 5초를 낭비할 뿐 아니라 스토리텔링에서 중요한 슬라이드와 슬라이드 사이의 인과적 흐름을 완전히 방해하게 된다. '고양이가 매트 위에 앉아 있었다'라는 문장은 스토리의 일부를 구성할 수 있는 문구다. 하지만 '애완동물 위치'는 그렇지 않다. '회사 소개' '도전 과제 및 목표' '솔루션' '잠재 시장' '역풍과 순풍' '이점'도 마찬가지다.

제목부터 달라야 한다

그렇다면 헤드라인과 제목의 차이는 무엇일까? 스토리텔링 헤드라인은 슬라이드의 핵심 메시지, 즉 청중에게 가장 큰 가치를 전달하는 정보를 언급한다. 청중이 헤드라인만 읽은 후 눈을 돌리거나 이메일을 확인하거나 저녁을 뭘 먹을지 상상한다면 그건 재앙이 아니다. 전하고 싶은 가장 중요한 메시지를 청중이 받아들였다는 뜻이다. 반면 제목은 슬라이드의 핵심 메시지를 고의로 무시하고, 청중에게 필요하거나 그들이 알고 싶어 하는 내용을 전혀 알려주지 않는다. 청중에게 아무런 가치가 없다. 시간 낭비일 뿐이다.

스토리텔링 헤드라인은 핵심 메시지를 전달한다. 이후의 모든 것은 그 메시지를 뒷받침하는 맥락에서 전개된다. 이쯤에서 이런 의문이 들 수 있다. 맥락이 우선시돼야 하지 않을까? 핵심 메시지를 향해 한 걸음씩 나아가야 하지 않을까? 아니다. 맥락은 발표자에게는 흥미롭지만(이미 알고 있으므로), '도대체 왜 이런 이야기를 하는 거지?'라며 궁금해하는 청중에게는 전혀 흥미롭지 않다. 맥락은 이미 가치가 확립되었을 때만 흥미롭게 느껴진다.

물론 이 같은 설명이 반직관적으로 보일 수 있다. 우리 모두는 학교에서 맥락을 우선하도록 배웠기 때문이다. 하지만 글쓰기 과제를 채점했던 교사 역시 맥락이 무엇인지 가르쳤기에 그것을 이미 알고 있었다는 점을 기억하자.

제목과 헤드라인의 차이점을 확실히 알고 싶다면, 다음 표를 살펴보도록 하자. 왼쪽에는 일반적인 제목을, 오른쪽에는 해당 슬라이드의 요점이 무엇인지 스토리텔링 언어로 전달하는 헤드라인을 기술했다.

제목	스토리텔링 헤드라인
연구 결과	30세 미만 소비자는 귀사의 브랜드를 들어본 적 없음
당사 기술 스택의 장점	데이터 플랫폼을 통해 고객 행동을 디지털 행동에 좀 더 정확하게 일치시킬 수 있음
고위 경영진의 다양성	이사회에 여성이 많은 기업일수록 성과가 더 좋음
테스트 및 학습	테스트 및 학습의 접근법을 통해 최적의 시장 진출 경로를 찾을 수 있음
사내 복지	어려움이 있다면 숙련된 정신건강팀과 상담할 수 있음
비용	작년에는 수익보다 비용이 더 빠르게 증가함
웹사이트 문제	웹사이트 탐색이 어려워 잠재고객이 탐색 자체를 포기해버림
고객 관리	고객별로 6명의 담당자가 정기적으로 연락하는 것을 목표로 함

스토리텔링 헤드라인은 핵심 내용 하나를 반드시 포함한다. 대체로 제목보다 길지만 청중에게 가치를 전달하므로 괜찮

다. '연구 결과'는 짧고 간결하지만, 청중에게 아무런 가치가 없다. 스토리를 이어가지 못하므로 낭비되는 문구일 뿐이다. '30세 미만 소비자는 귀사의 브랜드를 들어본 적 없음'이라는 문구는 8개의 단어로 구성돼 있지만, 각 단어는 청중에게 잠재적인 가치를 전달한다.

이 부분은 분명히 해둘 필요가 있다. 스토리텔링 헤드라인을 처음 사용하면 대부분은 즉시 이해하고 개선된 점을 높이 평가하지만 간혹 프레젠테이션을 겉에서만 대충 훑어보고는 '헤드라인을 더 짧게 만들라'라고 지적하는 상사가 있을 수 있다. 이런 피드백을 수용하지 않고, 다소 긴 헤드라인이 왜 괜찮은지 설명하는 것이 중요하다. 그런 지적이 그 사람의 잘못은 아니지만 분명 잘못된 것이므로 문제 제기를 할 필요가 있다.

스토리텔링 헤드라인 작성법

스토리텔링 헤드라인을 작성하는 것은 어렵지 않다. 말 그대로 헤드라인을 적으면 된다. 당신이 생성할 각 슬라이드에서 도표1에 적힌 간략한 프로세스를 따라 해보자.

스토리텔링의 적, 바로 나

소설가 데이비드 포스터 월리스는 2005년 케니언대학교

이 슬라이드로부터 청중이 얻게 될 혜택은 무엇인가?
청중이 얻게 될 혜택이 없다면, 슬라이드를 삭제해야 한다.
그대로 보존해야 한다고 생각한다면, 이렇게 자문해보자.
'이 슬라이드를 청중이 읽었을 때
청중이 알고, 생각하고, 행동하고, 느꼈으면 하는 한 가지가 무엇인가?'
이때 떠오르는 그것이 청중이 얻게 될 혜택이다.

다른 사람과의 일상적인 대화에서 청중이 얻게 될 혜택을 큰 소리로 말한다면
과연 무엇이라고 표현할 수 있을까?

그것이 바로 헤드라인이다.

이제 이 헤드라인을 뒷받침하는 데 필요한
최소한의 추가 정보로 슬라이드의 나머지 부분을 채워보자.
각종 그림이나 그래픽, 도표, 텍스트는
헤드라인의 진실성을 증명 또는 설명하거나
생생하게 전달하는 경우에만 추가하자.

점검: 첫 5초 안에 요점을 전달할 수 있는가?

도표1: 스토리텔링 헤드라인 작성법

졸업생을 대상으로 한 멋진 연설에서 "우리는 모두 작디작은 두개골 왕국의 군주"라고 언급했다. 우리는 좁고 편향된 관점에서 평생을 살아간다는 뜻이다. 이처럼 태생적 한계 때문에 우리는 우리가 경험하는 모든 것의 중심에 있다. 그래서 매일매일 살아가는 스토리의 주인공이다. 그러나 각자의 두개골 왕국에서 벗어나 다른 사람을 이야기의 중심에 두는 것은 스토리텔링의 가장 어려운 과제 중 하나다.

청중의 관점에서 글을 써야 한다는 것을 알고 있어도, 스토리는 청중에 관한 것이어야 한다는 존 스타인벡의 말을 새기고 있어도, 인간의 기본적인 조건 탓에 자꾸만 나 자신의 관점으로 되돌아가고 만다.

'나의 스토리가 아닌 청중의 스토리를 들려줘야 한다'라는 사실을 인지적으로 아는 것만으로는 충분하지 않다. 자신의 스토리로 되돌아가고 싶은 지극히 자연스럽고 인간적인 충동과 끊임없이 싸워야 한다. 다수의 팀원이나 상사와 일할 때 당신의 본능은 물론 그들의 본능이 우리를 잘못된 방향으로 이끌 수 있으므로 이를 막을 절차가 필요하다.

개인으로서 우리 각자의 스토리 중심에 자신을 두는 것처럼 회사 역시 각자의 왕국에 존재하며 자신의 이야기만 하려는 경향이 있다. 고위급 경영진이 프레젠테이션이나 문서에 대해 피드백을 줄 때 'X에 대해 더 말해야 한다' 혹은 'Y에 대해 뭔가를 추가할 필요가 있다'라는 식으로 말하는 경우가 많은데, 이때 X

와 Y는 대부분 회사에 관한 이야기다. 고객이나 잠재고객 등 우리가 스토리의 주인공으로 삼아야 할 대상에 관한 피드백이 아니다.

'당신의 스토리가 아닌 청중의 스토리를 말하고 있는가?'라는 질문은 슬라이드의 작성 및 편집 과정의 모든 단계에서 던져야 하는 질문이다.

놀라운 사실 한 가지. 독자나 청중 역시 자신의 작은 두개골 왕국에서 살아가고 있다는 점이다. 커뮤니케이션 내내 청중의 주의를 집중시킬 수 있다고 가정해서는 안 된다. 심리학자들은 뇌의 휴식을 '자연적 휴식 상태'로 지칭하지만, 우리 뇌는 전혀 쉬지 않는다. 특히, 현대인은 단 몇 초 동안만 주의를 집중한 후 방황하기 시작한다. 점심으로 뭘 먹을지 생각하다가 이미 끝난 회의나 하지 말았어야 할 말과 행동을 떠올리기도 한다. 주말에 놀러 갈 일을 상상하다가 누군가의 말 한마디, 표정, 소리, 냄새에 자극을 받아 학창 시절로 추억 여행을 하기도 한다.

인간의 뇌는 한 가지 주제에 오랫동안 집중하기 어렵다. 그래서 내버려 두면 다양한 주제로 자유롭게 넘나드는 것을 선호하기에 위와 같은 현상이 발생하는 것이다.

프레젠테이션 자리에 있거나 문서를 읽을 때 얼마나 쉽게 집중력을 잃고 내용을 흡수하지 못하는지 우리는 잘 알고 있다. 따라서 발표하거나 글을 쓰는 사람은 사람들의 관심을 끌고 유지하기 위해 끊임없이 노력해야 한다. 사람들의 마음이 방황하기 시작하는 순간, 이들은 내면의 독백 속에서 길을 잃고, 오후에 있을 회의를 걱정하면서 어제 이메일에 적은 말을 후회하고, 지난주 상사가 한 말의 의미를 곱씹는다. 그래서 마음이 방황하는 것을 허용해서는 안 된다. 일단 내면의 독백으로 들어가면 다시 밖으로 나오기가 매우 어렵다.

스토리텔링 구조는 헤드라인과 마찬가지로 주의를 유지하는 데 도움이 된다. 그러나 스토리와 독자, 또는 청중 사이의 상호작용 지점에 주목하는 것도 중요하다. 내가 말하거나 쓰는 내용에만 집중하는 것이 아니라 스토리가 독자나 청중과 만나는 순간 그들에게 어떤 영향을 미치는지 끊임없이 고려해야 한다. 다음과 같은 내용을 생각해야 한다.

- 나는 독자/청중을 어디로 데려갔을까?
- 독자/청중은 지금 무슨 생각을 하고 있을까?
- 독자/청중의 마음속에 떠오르는 다음 질문은 무엇일까?

이 '다음 질문'을 정확하게 파악하고 즉시 대답할 수 있다면, 상대방은 내면의 독백에 빠지지 않고 계속해서 주의를 기울일 가능성이 크다.

속도를 줄여야 빨리 갈 수 있다

좋은 스토리텔링을 방해하는 두 가지 요소는 글쓰기가 쉽다고 생각하는 것, 그리고 글쓰기는 쉬워야 한다고 생각하는 것이다.

다소 잔인할 정도로 솔직하게 말하면, 비즈니스 커뮤니케이션이 잘 안 되는 주된 이유 중 하나는 작성자가 글을 쓰는 데 충분한 시간을 투자하지 않기 때문이다.

비즈니스 커뮤니케이션이 제대로 이뤄지지 않는 이유는 단순하다. 충분한 노력을 기울이지 않기 때문이다. 좋은 글쓰기에는 단순히 '내용 전달' 이상의 것이 포함된다는 사실을 알아야 한다. 그저 머릿속에 있는 모든 것을 전달함으로써 업무를 완수했다고 생각해선 안 된다.

반면, 어떤 사람들은 정반대의 이유로 어려움을 겪는다. 이들은 글쓰기가 쉽다고 생각하지 않는다. 무척 어렵다고 생각한다. 게다가 끊임없이 자기를 비판함으로써 상황을 더 어렵게 만든다. 이들은 글쓰기가 쉬워야 한다고 생각하며, 다른 사람들은 자신보다 더 쉽게 쓴다고 여긴다. 자신은 글을 잘 못 쓰기 때문에 어려움을 겪는다고 생각한다.

이들은 초고 작성 단계에서 이미 실망해버린다. 비교적 간단한 초고조차 제대로 쓰지 못하는 자신에게 실망하며 '나는 글을 쓸 수 없다'라고 결론짓는다.

그러나 이들이 글쓰기가 쉽지 않다고 느끼는 진짜 이유는 글쓰기는 실제로 어렵기 때문이다.

이들은 자신이 어려운 과제에 직면해 있고, 글쓰기에는 시간과 집중이 필요하다는 점을 인지하지 못한다. 대신 자신의 성과를 비판만 하면서 더 잘하긴 힘들다고 판단하고, 결국 자신의 잠재력에 훨씬 못 미치는 결과물을 내게 된다.

소설가 토마스 만은 글쓰기에 대한 전문 작가의 태도를 아주 재치 있게 표현했다.

> 작가는 다른 사람들보다 글쓰기가 더 어려운 사람이다.

문서로든, 말로든 비즈니스 커뮤니케이션을 개선하는 가장 간단한 방법 하나는 그저 정성을 다하는 것이다. 글쓰기를 완성도 있게 끝내지 못했다는 생각이 들 때 자책에 빠지지 말자. 대신 글쓰기에 대한 관점을 바꿔보자. 쉬운 글조차 완성해내지 못하는 것이 아니라 더 많은 시간과 생각이 필요한 복잡한 작업을 신중하게 진행하고 있는 것이라고 말이다.

하지만 우리는 모두 바쁘고, 마감일이 거의 정해져 있으므로 막바지에 시간을 더 쓰기 어려울 수 있다. 따라서 변화의 핵심은 가능한 한 일찍 작업을 시작해 이런저런 필요한 내용을 적어놨다가 하룻밤 묵혀 다음 날 수정하는 과정을 두세 번 반복할 수 있도록 충분한 시간을 확보하는 것이다.

현실적으로 글쓰기는 매우 어려운 일이라는 것을 각오하는 것도 도움이 된다. 글이 술술 써진다면, 운이 아주 좋았거나 실제로 필요한 수준에 한참 못 미치는데도 문제없이 작업을 진행하고 있다고 착각하는 것이다. 글쓰기로 먹고사는 사람에게 얼마나 자주 술술 써지는지 물어보자. 아마 웃음부터 터뜨릴 것이다. 그 웃음을 멈추고 나면 얼마나 많은 수정 작업을 거치고 나서야 비로소 작업이 끝났다고 생각하는지 다시 물어보자.

다음은 미국의 특수부대 네이비실이 내세우는 철학 중 하나다. "속도를 줄이면 순항할 수 있고, 순항하면 빨리 나갈 수 있다." 이를 글쓰기에 대입하면, 처음에 속도를 늦추고 시간을 들여 글쓰기에 적합한 구조를 갖추고 나면 나머지 작업은 한결 쉽고 빨라진다는 뜻이다.

이를 돕기 위해 다음 장에서는 SUPERB 6단계 스토리텔링 모델을 소개하겠다. 이는 거의 모든 비즈니스 커뮤니케이션을 구성하는 데 사용할 수 있다. 물론 파워포인트에 적용해도 된다.

5장

SUPERB 설계법: 당신도 멋진 스토리를 만들 수 있다

프랭크 시나트라가 손을 다치지 않았다면 20세기 후반에서 21세기까지 가장 자주 사용된 스토리텔링 비유 중 하나인 불량 경찰은 탄생하지 않았을지 모른다. 시나트라는 영화 〈데드 라이트Dead Right〉에서 해리 칼라한 역을 제안받은 최초의 배우였다. 하지만 그즈음 손을 다친 그는 자신이 영화 속 액션 장면을 소화하기에는 역부족이라고 생각했다.

〈데드 라이트〉는 살인마를 막기 위해 법의 테두리 밖에서 집요하게 덤비는 경찰관의 이야기다. 1960년대에서 1970년대로 넘어갈 무렵 할리우드에서 시나리오가 돌기 시작했고, 시나리오 전반에는 당시의 정치적 환경이 크게 영향을 미쳤다. 당시 개정된 법에 따라 용의자는 변호사가 동석하지 않는 한 경찰 조사를 거부할 수 있게 되었다.

이 같은 변화는 진보주의자들에게 기본적 인권에 대한 확실한 인정으로 받아들여졌다. 그러나 보수주의자들에게는 경찰의 업무수행을 방해하는 것에 불과했다. 이는 피해자보다 범죄자를 더 중시하는 당시 사회 변화의 전형적인 모습이었다.

이 가운데 해리 칼라한의 캐릭터는 우익의 반발에 응답했다. 칼라한은 범죄자의 인권 따위에는 관심 없었고, 그저 나쁜 놈을 잡는 것이 목표였다. 시나리오에는 규정과 규칙을 교묘히 피해 자유를 만끽하며 악행을 일삼는 가학적인 살인마가 등장한다. 이에 칼라한은 법의 테두리를 벗어나 자신의 방식대로 임무를 완수한다.

시나트라가 배역을 거절한 후 존 웨인에게 제안이 갔다. 하지만 자신이 1순위가 아니었다는 점 때문에 웨인 역시 거절했다. 사실 서부영화를 대표하는 인물로 '듀크Duke, 공작'라는 별칭까지 있었던 그가 시나트라가 거절한 배역을 수락할 리 없었다.

이후 조지 C. 스캇, 로버트 미첨, 버트 랭카스터, 스티브 맥퀸 등 쟁쟁한 배우들에게 차례로 제안이 갔지만, 이들 모두 참여하지 않았다. 마지막으로 폴 뉴먼 역시 칼라한의 캐릭터가 자신의 색깔에 비해 지나치게 우익적이라며 거절했다. 하지만 그는 클린트 이스트우드가 적합할 것 같다고 제안했다.

이스트우드는 배역을 수락했지만, 한 가지 중요한 조건을 걸었다. 당시 제작사는 A급 스타 배우를 섭외하기 위해 시나리오를 여러 번 수정한 상태였고, 이 과정에서 스토리라인은 처음의 거친 느낌이 많이 사라져 있었다. 칼라한의 극단적인 행동은 절제되었고, 영화의 초점도 그의 개인적 퀘스트에서 차츰 벗어났다. 하지만 이스트우드는 본래의 스토리라인으로 돌아가야 한다고 주장했다. 한 경찰이 악당으로 변해가는 단순하고 잔인한 원작을 복원하길 바랐다.

이후 영화는 〈더티 해리Dirty Harry〉로 제목이 바뀌었고, 살인자 스콜피오는 양심이라고는 찾아볼 수 없는 가학적 변태 성욕자로 등장했다. 그리고 칼라한의 결정과 행동을 정당화하기 위해 가능한 모든 것이 총동원됐다.

'스콜피오를 죽여버리는' 경찰관 칼라한의 행동은 영화의 상징적인 순간에 잘 나타난다. 법적인 허점을 교묘하게 이용해 또다시 빠져나갈 게 뻔한데, 그런 인물을 체포하는 데 더는 애를 쓸 필요가 없다고 판단한 순간이다. 대신 칼라한은 스콜피오를 조롱해 그가 바닥에 떨어진 총을 집도록 유인한다. 그리고 그 순간 그를 사살한다. 다음은 영화의 마지막 장면이다.

> 네가 무슨 생각하는지 다 알아, 이 자식아. '저놈이 여섯 발을 다 쐈을까, 아니면 다섯 발만 쐈을까?' 이 생각 하고 있지? 그런데 어쩌냐. 너무 신나게 쏴 재끼느라 세는 걸 까먹었어. 하지만 확실한 건 44매그넘은 전 세계에서 가장 센 권총이라 단 한 발로도 네 놈 골통쯤은 깔끔하게 날려버릴 수 있다는 거지. 그러니까 너는 이런 생각을 해야 맞아. '난

운이 좋을까?' 안 그러냐 이 양아치 자식아?

이 장면에서 관객들은 칼라한이 이전에도 같은 대사를 말한 적이 있다는 걸 눈치챘을 것이다. 더욱이 칼라한은 남은 총알 개수를 신중하게 세고 있었다. 그래서 스콜피오가 총에 손을 뻗으면 어떤 일이 벌어질지 정확히 그리고 있었다.

스콜피오가 움직였고, 그 순간 칼라한이 방아쇠를 당겼다. 운은 작동하지 않았다.

이 장면 덕분에 '불량 경찰' 캐릭터는 이후 영화와 각종 TV 프로그램에서 가장 인기 있는 장치로 활용됐다. 영화 속 경찰이 상관으로부터 배지와 총을 반납하라는 지시를 받으면, 그때부터 진짜 액션이 시작된다. 관객으로서 우리는 이 같은 전개를 잘 알고 있다. 주인공은 더 이상 관료주의에 얽매이지 않고 결과를 얻게 된다.

왜 이런 비유가 인기 있을까? 그런 극단적인 행동은 현실에서는 용납되지 않을 것이며, 우리는 대부분 그런 순간을 겪지도 않을 것이다. 그럼에도 '불량 경찰' 비유가 우리를 계속해서 매료시키는 이유는 무엇일까?

우리 모두의 내면에 있는 불량한 요소를 상기시키기 때문이다. 각종 규칙과 규정을 마주할 때, 우리 마음 한구석에는 그모든 '말도 안 되는 형식'을 무시하고 일을 처리하고 싶은 욕망이 생겨난다. 불량 경찰은 우리의 이런 마음에 호소하는 것이다.

비즈니스에서 효과적인 스토리텔링을 위한 공식적인 6단계 절차를 제시하는 입장에서 당신이 다양한 반응을 보일 것임을 잘 알고 있다. 한편으로는 모든 플랫폼과 형식에 적용되는, 비즈니스 스토리텔링을 개선할 수 있는 간단한 절차가 있다는 것이 반갑게 느껴질 것이다. 그러나 다른 한편으로 마음속에 불량 경찰이 살고 있는 당신은 일련의 규칙과 규정에 얽매이고 싶지 않을 것이다. 그저 창의력을 마음껏 발휘하고 싶을 수 있다. 파워포인트를 켜고, 뮤즈에게 간단한 주문을 외우고 나면, 좋은 아이디어가 샘솟는 상태가 될 수는 없을까?

그럴 수도 있다. 때로는 그런 과정에서 훌륭한 결과물이 나오기도 한다. 하지만 그렇지 않은 경우가 더 많다. 이 6단계 절차를 이용하면 좋은 결과가 일회성에 그치지 않고 반복될 수 있다. 당신이 만드는 모든 프레젠테이션과 문서의 품질이 더 좋아질 것이다.

혹시 추가 작업이 계속해서 더해지는 건 아닐까? 아니다. SUPERB 설계법을 사용해 초기 단계에 글의 구조를 짜는 일련의 작업은 나중에 할 일을 줄여준다. 교정 시간도 줄고, 특정 슬라이드의 위치를 파악하기 위해 빈 화면을 쳐다보는 시간도 줄어든다. 또 슬라이드 100개를 30개로 줄이기 위해 동료와 토론하는 시간도 아낄 수 있다. 핵심 의도를 파악하지 못해 이해관계자가 건넨 잔인한 피드백을 처리해야 하는 불안감도 덜 수 있다.

일터에서 스토리텔링을 구체화하는 방법

첫 번째 단계는 이전 장에서 언급한 영화나 TV, 또는 소설의 스토리 단계가 업무 환경에 어떻게 적용되는지 이해하는 것이다.

중요한 것은 스토리텔링이 어린 시절 일화나 출근길에 본 흥미로운 장면을 동료들에게 말하는 게 아니라는 점이다. 시간에 쫓기는 이들은 요점만 말해주길 원한다. 스토리텔링의 강력한 요소를 활용해 직장 내 커뮤니케이션을 탄탄하게 구축하는 것이다.

표2는 2장에서 살펴본 스토리텔링 요소와 동등한 요소를 만들어 업무 커뮤니케이션에 같은 감정적 효과를 전달하는 방법을 보여준다.

첫 번째 열의 '좋은 스토리에서 일어나는 일'은 일반적인 스토리의 단계를 보여준다. 이에 상응하는 것이 무엇인지 두 번째 열에서 설명하고, 이를 실현할 수 있는 SUPERB 설계법을 마지막 열에서 소개한다.

행동	좋은 스토리에서 일어나는 일	성공적인 직장 내 커뮤니케이션을 위해 필요한 것	이를 이루기 위한 SUPERB
하나	관객은 주인공과 강하게 동일시한다	청중이 발표자(문서인 경우 작성자)와 깊이 공감할 수 있어야 한다	공유 경험
	관객은 주인공이 어떤 퀘스트를 수행하고 있는지, 그리고 그들의 목표가 무엇인지 잘 알고 있다	청중은 성공의 모습이 어떠한지, 즉 발표자에 동조함으로써 얻을 수 있는 궁극적인 이득이 무엇인지 이해할 수 있어야 한다	최종 혜택
둘	주인공이 중요한 난관에 봉착하고, 이를 극복하기로 다짐한다	청중은 앞으로 어떤 도전 과제가 기다리고 있는지 명확히 알 수 있어야 한다	문제 정의
	주인공이 난관을 성공적으로 극복한다	청중은 발표자가 이런 도전 과제를 어떻게 해결할 것인지 명확히 알 수 있어야 한다	대안 탐색
	주인공은 점점 더 어려운 문제에 잇달아 직면하고, 조력자의 도움으로 이를 극복한다	청중은 눈앞에 보이는 도전 과제를 분명히 인지하고 인식할 수 있어야 한다	반대 의견 탐색
셋	가장 어려운 문제를 해결하기 위해 주인공은 새로운 방식으로 자신과 세상을 바라본다	관객에게는 상황이 어떻게 변화하고 있는지에 대한 통찰을 포함해 현실에 대한 생생한 이해를 제공해야 한다	현실 제시
	주인공은 승리한다	청중이 발표자가 제시한 이점을 이해하고 환영한다는 것에 만족감을 느낄 수 있어야 한다	두 종류의 청중 모두의 충족

표2

이번 장에서는 새로운 아이디어를 청중에게 이해시키는 프레젠테이션, 곧 '설득'을 위한 발표물 작성이 과제라고 가정해보겠다. 여기에는 네 가지 이유가 있다.

1. 하나의 특정 업무 관련 작업을 사용해 SUPERB를 설명하는 것이 간략하고 명료할 것이라는 판단에서다. 기타 업무(다른 형태의 프레젠테이션, 문서, 이메일, 회의)에 SUPERB를 적용할 수 있는 방법은 7장에서 다룬다.

2. 프레젠테이션은 누군가에게 무언가를 하도록 설득하는 가장 기본적인 수단이므로 SUPERB의 각 단계가 달성하고자 하는 목표를 명확히 논의할 수 있는 구체적 틀을 제공한다.

3. 불교에는 이런 격언이 있다. "산을 오를 때는 정상에서 시작하라." 설득은 가장 힘들고 압박감이 높은 비즈니스 상황이다. 발표자의 스토리텔링 역량에 많은 돈과 기회가 걸려 있다. 따라서 SUPERB가 가장 어려운 설득 작업을 어떻게 처리하는지 보여주는 것부터 시작하겠다. 그러고 나면 다른 모든 것은 상대적으로 쉬워보일 것이다.

4. 설득을 첫 번째 예로 사용하는 것은 스토리텔링을 방해하는 또 다른 장애물인 이기고자 하는 욕구를 다룰 수 있기 때문이다. 누군가를 설득할 때 승리에 대해 이야기하는 건 꽤 자연스럽다. 하지만 이것은 전혀 도움이 안 되는 말이다. 이 부분을 언급함으로써 모든 커뮤니케이션에서 필요한 것은 논쟁에서 이기

는 것이 아니라 감정적으로 더욱 단단하게 연결되는 것임을 강조하게 될 것이다.

'설득에서 이기려고' 노력하는 건, 청중의 역할을 2차원적 스위치로 축소하는 것이다. 이때 청중의 역할은 '켜거나 끄거나' 둘 중 하나다. 그들은 그저 '예' 또는 '아니오'로 말한다. 그들이 당신의 회사를 선택한다면 당신은 그들을 좋아하며 뛰어난 통찰과 비즈니스에 대한 깊이 이해하고 있다고 감탄할 것이다. 하지만 다른 회사를 선택한다면 그들을 미워하며 아무것도 모르는 바보라고 비난할 것이다.

누가 스위치 역할로 전락하고 싶겠는가? 이런 사고방식을 프레젠테이션에 도입한다면, 그건 이미 청중을 소외시키는 짓이다. 청중에게 가까이 다가가는 대신 감정적으로 거리를 두게 되는 짓이다. 승리를 위해 더 많이 노력할수록 오히려 패배할 가능성이 크다.

설득에서 이기려고 해서는 안 된다. 관계를 구축하려고 노력해야 한다. 그것이 바로 성공적인 설득이다. 그것은 당신의 승리가 아니다. 당신과 고객 간 관계의 시작점이다.

이후의 모든 과정에서 어떤 형식으로든 스토리를 전달하는 것은 곧 관계를 구축하는 것임을 기억하자.

6단계 SUPERB 설계법

6단계 SUPERB 스토리텔링 설계법은 다음과 같다.

공유 경험 **S**hared experiences
최종 혜택 **U**ltimate triumph
문제 정의 **P**roblem definition
대안 및 반대 의견 탐색 **E**xplore options and objections
현실 제시 **R**eal
두 종류의 청중 모두 만족시키기 **B**est of both worlds

<u>공유 경험 **S**hared experiences</u>

전통적인 스토리텔링에서 작가는 청중이 스토리의 주인공과 자신을 동일시하도록 만들어야 한다. 무척 까다로운 일이다. 이를 위해 '고양이를 구하는 순간' 같은 장치를 사용하기도 한다.

운이 좋게도 비즈니스 환경에서는 이런 복잡한 과정까지 거칠 필요는 없다. 하지만 유사한 작업은 필요하다. 즉, 기존 스토리텔링에서와 비슷한 동질감을 만들어내야 한다. 비즈니스 프레젠테이션에서 스토리의 주인공은 청중이므로 당신의 임무는 청중이 당신과 동질감을 느끼도록 해야 한다.

가능한 한 빨리 당신이 그들에게 동조하고 있으며, 비슷한 생각과 목표를 갖고 있다고 느끼게 해야 한다. 이에 대해 관계 전문가인 존 고트먼은 "토론의 시작 방식이 토론의 끝을 결정한다"라고 말했다. 이는 친구나 연인관계는 물론 업무 회의에서도 마찬가지다. 서로 동조하며 시작된 커뮤니케이션은 대부분 그 상태로 유지되며, 결정적으로 동조한 상태로 끝날 가능성이 크다.

'고양이를 구하는 순간'에 상응하는 것은 공유 경험을 사용하는 것이다. 즉, 청중과 공유하는 무언가나 모두가 동의할 수 있는 것, 함께 공감할 수 있는 것으로 스토리를 시작한다. 이 과정은 다소 복잡할 수 있다. 당신의 비즈니스가 잠재고객의 비즈니스와 같은 문제에 직면하고 있음을 설명하거나 당신이 속한 부서의 요구사항이 회사 전체의 비전과 일치한다는 것을 보여주어야 하기 때문이다. 반대로 생각보다 무척 간단할 수도 있다.

영국 출신의 교육학자 켄 로빈슨이 연사로 나선 '학교가 창의성을 죽이는가?'라는 제목의 테드 강연은 공유 경험이 매우 간단하게 활용된 대표적인 사례다. 로빈슨의 강연은 역대 테드 강연 중 가장 많은 조회 수를 기록했다.

이 강연은 어떻게 그렇게 큰 인기를 얻게 되었을까? 연사는 그리 유명하지도 않았다. 주제 역시 폭넓은 청중에게 자연스레 다가갈 만한 것도 아니었다. 게다가 '클릭을 유도할 만한' 제목도 담지 못했다.

비교를 위해 다른 인기 있는 테드 강연의 제목을 몇 가지 소개한다.

- 훌륭한 리더가 영감을 주는 법
- 사람들이 듣고 싶게 말하는 법
- 무엇이 좋은 삶을 만드는가? 행복에 관해 가장 오랜 연구로부터 얻은 교훈
- 거짓말쟁이를 찾아내는 법
- 스트레스를 친구로 만드는 법
- 더 나은 일을 위한 행복의 비결

단언컨대 이 모든 제목은 '학교가 창의성을 죽이는가?'라는 제목보다 유튜브 시청자들이 재생을 클릭할 확률이 더 높다. 하지만 로빈슨의 강연은 이 모든 강연의 조회 수를 뛰어넘었다. 그토록 인기를 얻은 비결은 무엇일까?

바로 입소문 덕분이었다. 이 강연을 본 사람들은 하나같이 주변 사람에게 추천했다. 로빈슨이 커뮤니케이션에 탁월한 사람이었던 덕분이다. 특히 그는 낯선 사람으로 가득 찬 공간에서 바로바로 관계를 구축하는 데 뛰어났다. '학교가 창의성을 죽이는가?'의 처음 몇 초는 그야말로 마스터클래스라고 부를 만하다.

다음은 영상의 첫 장면이다.

- "좋은 아침입니다. 안녕하세요?"
- "지금까지 무척 좋았죠, 그렇죠? 모든 강연이 놀라울 정도로 훌륭했어요. 그래서 전 집에 가야 하나 싶어요."

- "이번 콘퍼런스는 세 가지 주제로 진행됩니다. 아시죠? 이들 모두 제가 이야기하고자 하는 내용과 관련돼 있어요."
- "첫 번째 주제는 앞서 진행된 모든 강연과 여러분에게서 나타나는 인간의 놀라운 창의성입니다…."

이게 전부다. 딱 몇 문장. 다른 테드 강연과 비교해보면 무척 간결하다. 크게 눈에 띄지도 않는다. 얼핏 아무 일도 일어나지 않은 것처럼 보인다. 그러나 실제로는 많은 일이 일어나고 있다.

이 영상을 다시 보면서 그가 청중과의 관계 구축을 위해 그 몇 마디 말에서 얼마나 많은 방법을 사용했는지 주목해보자.

강연은 진정성 있고 따뜻한 인간적인 표현으로 시작된다. "안녕하세요?" 이 인사말은 아무것도 아닌 것처럼 보인다. 그저 수다를 떠는 것일 뿐. 누구나 그렇게 하지 않는가? 하지만 다른 테드 강연을 보면 대부분 연사가 그렇지 않다는 것을 알 수 있다. 얼마나 이상한가? 왜 그렇게 많은 연설자와 발표자가 그토록 간단한 인사말을 생략하는 것일까?

그리고 이 간단한 인사가 왜 그렇게 중요한 것일까? "안녕하세요?" 이 한 마디로 로빈슨은 이후 이어지는 모든 분위기를 만들어가기 때문이다. 이제 그는 청중을 향해 일방적으로 말하지 않는다. 청중과 이야기한다. 연설하는 것도 아니다. 청중과 대화를 나누는 것이다. 다음의 두 문장이 얼마나 대화체에 가까운지 주목해보자.

- "지금까지 무척 좋았죠, 그렇죠?"
- "이번 콘퍼런스는 세 가지 주제로 진행됩니다. 아시죠?"

이 두 가지 질문을 통해 로빈슨은 전환을 완성했다. 그는 자신과 완전히 분리된 사람들에게 연설하는 사람이 아닌 청중과 함께 그날의 경험을 공유하는 일원으로 자리매김했다.

첫 번째 질문은 공유 경험과 일치된 지점을 만들어 '네'라는 대답을 유도한다. 두 번째 질문을 할 때쯤이면 로빈슨은 청중을 완전히 사로잡는다. 그래서 청중은 이전 강연에 참석하지 않아 어떤 주제가 나올지도 모르는 상황이지만, 세 가지 주제가 있었다는 그의 말에 '네'라고 대답하는 자신을 발견하게 된다. 어떻게 이런 일이 가능했을까? 로빈슨은 청중과 공유 경험에서, 그리고 일치된 지점에서 강연을 시작했기 때문이다. 우리는 누군가와 어느 한 가지가 일치하면 다른 것도 일치할 것으로 생각하는 경향이 있다.

누구나 이 현상을 알고 있다. 파티에서 어떤 사람을 만났는데 그 사람이 가장 좋아하는 영화가 내가 가장 좋아하는 바로 그 영화라는 것을 알고 나면, 우리는 즉시 다른 공통점도 있을 것으로 가정한다.

당신과 청중 사이에 공감대를 형성하려면 처음부터 명확한 일치점을 만들어 활용해야 한다. 이렇게 하면 청중의 눈에 당신은 '나를 대상으로 발표하는 사람'에서 '어떤 부분에서 나와 의견이 일치하는 사람'으로 진화하기 시작한다. 로빈슨은 여기서 한 걸음 더 나아간다. 그 짧은 대화에서 그는 분위기를 밝게 하고, 자기 비하적인 농담으로 자신의 위치를 청중에게 알린다.

"집에 가야 하나 싶어요."

이후 그는 청중을 치켜세우며 그들의 지위를 다시 한번 높인다. 이 같은 그의 접근 방식이 다른 테드 강연자나 발표자와 어떻게 다른지 주목해보자.

- 그는 공간을 지배하거나 소유하려고 하지 않는다.
- 그는 자신에 대한 일화로 시작하지 않는다.
- 그는 연설이 아닌 대화로 시작한다.
- 그는 청중과 자신을 분리하지 않고 동일시한다.
- 그는 놀라움이나 호기심이 아닌 즉각적인 동의를 끌어낸다.

'학교가 창의성을 죽이는가?' 이 강연의 오프닝은 공유 경험을 활용하는 좋은 예로 여기에는 그 어떤 기법도 등장하지 않는다. 로빈슨은 너무나도 소탈하고 자연스러워서 어떤 순간에도 의식적으로 '프레젠테이션 기법'을 사용한 것으로 보이지 않는다. 로빈슨은 이런 방식으로 자연스럽게 소통하는 진정으로 따뜻하며 공감적 태도를 보이는 사람으로 여겨진다. 하지만 이 조용하고 겸손한 접근 방식은 경험을 공유하는 것이 얼마나 자연스럽고 단순할 수 있는지 보여준다.

그러나 이 기법은 때로 깊고 복잡할 수도 있다. 필자는 한 광고대행사와 자동차 회사 광고의 재계약 수주를 위한 프레젠테이션을 함께 진행한 적이 있다. 이 대행사는 10년 넘게 해당 업체의 광고를 진행하고 있었지만, 솔직히 고객서비스 수준이 떨어지고 있었다.

광고대행사 경영진은 자신들이 중요한 부분을 제대로 신경 쓰지 않았다는 점을 인정했다. 그리고 앞으로는 더 잘하겠다고 약속했다. 하지만 고객이 왜 그들의 말을 믿어야 할까? 아니 더 중요하게는 왜 그들과 재계약을 해야 할까?

이 자동차 회사의 마케팅 전략은 제품군을 완전히 재창조하는 것이었다. 평판이 좋지 않던 이전보다 더 나은 품질과 신뢰를 약속하는 새로운 플랫폼 위에 구축될 예정이었다. 대행사는 이 마케팅 전략에 대해 논의하는 것으로 프레젠테이션을 시작했다. 그러면서 자동차 회사가 과거의 저품질 모델이 아닌 향후 출시될 우수한 신모델을 기반으로 고객과 새로운 관계를 어떻게 맺어나갈 것인지에 대해 논의했다.

자동차 회사 임원진이 고개를 끄덕이며 동의하자 대행사 측은 자동차 회사와 비슷한 상황에 처한 그들의 이야기를 시작했다. 더 나은 미래를 약속하며, 과거가 아닌 미래로 판단해달라고 요청했다. 자동차 회사 측은 이미 과거의 부진이 아닌 미래를 향한 약속으로 평가받겠다는 데 동의했기에 대행사 측에만 용납 못 한다고 거절할 수는 없는 상황이었다. 공유 경험 기법을 사용해 모든 것을 처음부터 새로 시작할 수 있다는 동의를 얻은 셈이다. 해당 기법은 다음과 같은 논리로 전개되었다. 우리 역시 귀사와 똑같은 상황에 처해 있으며, 귀사가 고객에게 요청하는 것과 같은 요청을 하고 있습니다. 나머지 프레젠테이션 시간 동안 대행사는 더 이상 뒷걸음치지 않았다. 그리고 이겼다.

언제나 이렇게 흡사한 모습의 공유 경험을 마주할 수는 없지만, 비즈니스의 본질상 '우리 회사도 귀사와 같은 문제에 직면해 있습니다'라고 언급할 수 있는 순간이 종종 생긴다.

이 같은 공유 경험 제시가 어려울 때는 '동조를 호소하는 질문'을 던져 '네'라는 대답을 유도함으로써 공감대를 형성할 수 있다. 로빈슨의 경우 이런 질문을 두 번 사용했다.

SUPERB 단계	상세 내용	목표
공유 경험	공유하고 있는 순간에 대한 회상 및 서로가 동의한 긍정적인 대상	발표자와 청중 사이의 공감대 형성

최종 혜택 Ultimate triumph

소설을 읽거나 영화를 볼 때는 스토리의 내용을 알아야 한다. 데이비드 마멧의 설명을 빌리면 "주인공이 무엇을 얻으려고 하는지" 알아야 한다. 범죄 영화에서 갱단은 돈을 훔쳐 달아나려고 한다. 어벤져스 영화에서 슈퍼히어로는 우주를 구하려고 한다. 로맨틱 코미디에서 남녀는 서로의 마음을 얻으려고 한다.

독자의 주의를 끌려면 작가는 독자 입장에서 퀘스트가 무엇인지 알 수 있도록 해야 한다. 이는 프레젠테이션에서도 똑같이 적용된다. 청중이 지금 논의 중인 퀘스트가 무엇인지, 그리고 퀘스트가 달성되었음을 어떻게 알 수 있는지 확실히 인지해야 한다.

청중이 스토리의 주인공이라면 그들이 얻고자 하는 것은 무엇일까? 그들의 퀘스트는 무엇일까? 청중의 퀘스트를 분명히 드러내는 것, 이것이 바로 최종 혜택이다.

프레젠테이션에서 최종 혜택은 매우 확실해야 한다. 프레젠테이션에 앞서 고객이 원하는 게 무엇인지 설명하는 요약본이 있었을 것이고, 당신은 그 요약본에서 더 많은 것을 제안했을 수 있다.

하지만 프레젠테이션을 준비하면서 해당 요약본을 무시하고 다른 것을 제안하거나 고객이 원하는 것을 전달하더라도 마지막 슬라이드에서 보여주는 경우가 종종 있다. 이 같은 실수는 피해야 한다. '주인공이 얻고자 하는 것'에 절대적으로 집중해야 한다. 그리고 가능한 한 빨리 '주인공이 얻고자 하는 것'을 제시해야 한다.

사람들이 글쓰기나 프레젠테이션에서 저지르는 가장 큰 실수 중 하나는 핵심에 도달하기 전에 여러 가지 맥락을 제시하는 것, 즉 '작업 과정'을 보여주는 것이다. 그리고 마지막 순서가 되어서야 비로소 청중이 그토록 기다려 온 '혜택 슬라이드'가 제시된다. 이 같은 점진적 구성은 발표자에게는 완벽히 이해되지만, 청중에게는 자칫 소외감을 안겨줄 수 있다. 사람들은 특정 맥락이 무엇에 관한 것인지 알지 못하면 그 맥락에 흥미를 느끼지 못하기 때문이다.

강력한 스토리를 만들려면 최종 혜택을 아주 일찍 제시해야 한다. 퀘스트의 목표를 모른다면 청중은 그 여정에 참여하지 않을 것이다. 또 자신에게 어떤 이득이 있을지 알지 못한다면 발표자의 목소리에 귀 기울이지 않을 것이다.

따라서 프레젠테이션에서 최종 혜택은 청중이 당신과 함께하기로 했을 때 얻을 수 있는 그 무언가를 뜻한다. 내부 이해관계자를 대상으로 하는 프레젠테이션의 경우 최종 혜택은 당신이 청중에게 특정 작업을 요청함으로써 얻을 수 있는 결과물일 수 있다. 한 해의 활동을 돌아보는 자리라면 최종 혜택은 다음 해의 전략에 영향을 줄 수 있는 중요한 지표일 수 있다. 또 프로젝트 분석을 위한 프레젠테이션이라면 해당 프로젝트의 가장 성공적인 결과물이나 다음 프로젝트를 개선하기 위한 교훈이 최종 혜택이 될 수 있다.

SUPERB 단계	상세 내용	목표
최종 혜택	논의 중인 주제에 대해 청중이 누릴 수 있는 잠재적 이득	발표 내용에 대한 흥미 유발

문제 정의 Problem definition

이 단계와 다음 단계인 '대안 및 반대 의견 탐색' 과정에서 SUPERB는 앞에서 살펴본 문제/해결 프레임워크를 적극적으로 반영한다. 특히 2장에서 다룬 주인공의 여정을 기반으로 한다.

누군가 할리우드 스튜디오에 다음과 같은 스토리의 영화를 제안한다고 상상해보자.

경찰관 존 맥클레인은 별거 중인 아내와 화해하고 싶어 한다. 그래서 그는 파티에서 아내를 만나 재결합한다.

상어가 해안가 마을을 위협하고 있다. 상어가 해를 끼치기 전에 전문 사냥꾼들이 재빨리 상어를 사살한다.

말런이라는 물고기는 아들 니모에게 바다는 매우 위험한

곳이라고 말한다. 그래서 니모는 현명하게 아빠 곁에 머문다.

거대한 빙산이 배를 향해 다가오고 있다. 그래서 배는 방향을 틀어 비켜 간다.

얼마나 우스꽝스러운가? 이런 스토리였다면 〈다이하드Die Hard〉, 〈죠스Jaws〉, 〈니모를 찾아서Finding Nemo〉, 〈타이타닉Titanic〉 같은 영화는 절대 만들어지지 못했을 것이다. 그런 영화는 보는 사람도 없었을 테니 말이다. 아무도 거들떠보지 않았을 것이다.

모든 것이 순조롭게 진행되는 스토리는 스토리가 아니라는 것을 누구나 알고 있다. 도전이 있어야 하고, 어려움이 생겨나야 한다. 그럼에도 사람들은 모든 것이 평탄하게 흘러가고 아무 문제도 발생하지 않는 비즈니스 스토리를 쓰려고 한다.

그런 속내는 이해할 수 있다. 그들은 자신의 조직이 문제에 직면해 있거나 자신도 특정 문제로 어려움을 겪고 있다는 사실을 인정하고 싶어 하지 않는다. 하지만 불편하게 느껴지더라도 문제를 인정하고 식별하지 않는다면 정말 스토리가 아닌 게 돼버린다.

프레젠테이션에서 고객은 바라건대 이미 문제를 식별, 인정하고 있을 것이다. 그리고 당신은 이 문제를 그들에게 반복적으로 보여주어야 한다. 발표자 본인의 스토리가 아닌 고객의 스토리를 말하고 있다는 점을 계속해서 드러내야 한다. 고객이 당면한 문제에 대한 논의 없이 곧바로 그럴듯한 제안으로 넘어가면, 고객은 발표자가 자신의 문제에는 관심이 없고 제품이나 서비스를 판매해 돈을 버는 데만 집중하고 있다고 판단할 것이다.

회사 내부에서 진행되는 프레젠테이션의 경우 문제가 존재한다는 사실을 인정하는 것부터 큰 저항이 있을 수 있다. 또 문제의 성격이 무엇인지에 대한 의견도 갈릴 수 있다. 따라서 프레젠테이션을 진행하기에 앞서 청중을 진단 세션에 참여시키면 좋다. 여기서도 여러 장애물을 만날 수 있지만(시간이 없거나 관심이 없는 등), 대부분 사람은 핵심을 잘 파악할 것이다. 당면한 문제부터 먼저 논의한다면, 프레젠테이션은 이들과 좀 더 높은 관련성을 갖고 이들에게 필요한 것을 제공할 수 있게 된다.

이처럼 문제를 강조하는 일련의 과정이 부정적으로 들리기 시작해도 실제 상황은 그리 부정적이지 않다. 당신은 문제를 파악하는 데서 그치지 않고, 문제를 극복해나갈 것이기 때문이다.

SUPERB 단계	상세 내용	목표
문제 정의	문제 식별 및 분석	말하고자 하는 바에 대한 공감대 형성

대안 및 반대 의견 탐색 Explore options and objections

문제는 극복하고 싶다. 그렇다고 너무 쉽게 극복하고 싶지는 않다. 너무 빨리 정답을 제시하는 건 원치 않을 테니까. 따라서 해결책을 제시하기 전에 몇 가지 대안을 탐색해야 한다.

왜 이렇게 해야 할까?

첫째, 여러 가지 가능한 해결책을 탐색하다 보면 더 강력한 스토리를 만들 수 있다. 가장 먼저 떠오른 해결책이 정답이라면 당면한 문제는 그리 어렵게 느껴지지 않을 것이다. 문제가 어렵지 않다면 스토리는 강하지 않다.

둘째, 프레젠테이션은 TV 게임 쇼가 아니다. 상금을 받을 수 있는 완벽한 정답은 존재하지 않는다. 거의 모든 업무 상황에서 미묘한 차이가 존재한다. 여러 가지 대안을 비교하면서 가장 균형 있는 대안을 찾는 과정이 필요하다.

셋째, 이 같은 접근 방식은 청중을 위해 열심히 노력할 준비가 되어 있다는 것을 보여준다. 청중에게 관심을 두고 있다는 증거이기도 하다.

마지막으로 프레젠테이션에서 이 방법을 사용하면 경쟁사가 제공할 접근법을 미묘하게 비판할 수 있다.

가장 좋은 접근 방식은 너무 뜨겁지도, 차갑지도 않은 딱 적당한 '골디락스 모델 Goldilocks Model'을 따르는 것이다. 이 모델은 필자가 컨설팅했던 한 은행의 신규 당좌예금주 모집을 위한 프레젠테이션에서 제시한 바 있다.

은행은 먼저 젊은 층을 집중적으로 공략하는 것에 대해 언급했다. 이들은 거래 은행을 옮길 가능성이 크지만, 한 번 옮기고 난 뒤 또다시 갈아탈 가능성도 컸다. 두 번째로 고령층 공략 방법을 모색했다. 이들은 돈은 많지만, 거래 은행 변경에는 저항하는 경향이 있어 유치 비용이 엄청나게 많이 들 것으로 예상됐다. 마지막으로 중간 연령층 공략 방안을 탐색했다. 이들은 고령층보다는 모집이 쉽고 비용이 저렴하며, 젊은 층보다 유지 관리가 수월해 평생 고객으로 성장할 가능성이 세 그룹 중 가장 클 것으로 여겨졌다. 따라서 필자는 세 연령층에 대해 분석하고 중간 연령층을 우선 공략하는 것이 가장 비용 효율적이고 장기 고객 확보 가능성이 높다고 제안했다.

세 가지 이상의 대안을 사용하면 다소 복잡해지긴 하지만, '너무 뜨겁지도, 차갑지도 않은 딱 적당한' 골디락스 접근법은 고객에게 친숙하고 쉽게 이해될 수 있다.

SUPERB에서는 때로 여러 가지 문제를 한 번에 정의하고, 동시에 대안을 탐색하고 싶은 유혹을 받을 수 있다. 하지만 이 모델을 제대로 활용하려면 모든 문제를 죽 나열한 다음 해결책을 한꺼번에 제시하기보다는 각각의 문제 정의 후 대안을 탐색하는 방법을 택해야 한다. 즉, '1번 문제 정의 후 대안 탐색' '2번 문제 정의 후 대안 탐색' '3번 문제 정의 후 대안 탐색' 이런 순서로 진행해야 한다.

이렇게 하면 주인공의 스토리텔링 구조를 정확하게 반영할 수 있고, 해결책 없이 문제 상황을 논의하는 데 너무 많은 시간을 소비하는 오류를 막을 수 있다. 해결책을 제시하기 전에 문제 논의에 많은 시간을 할애하면 청중에게 불확실성과 의구심을 불러일으킬 수 있다. 문제 상황에 직면하는 것은 중요하다. 하지만 장시간 문제에만 빠져 있는 건 좋은 방법이 아니다.

결정적으로 SUPERB에서는 선호하는 대안을 제시하더라도 이를 완벽한 해결책으로 간주하지 않는다.

이는 현실적이지 않기 때문이다. 비즈니스에서 완벽한 것은 없다. 추천하는 모든 대안에는 몇 가지씩 결함이 있을 수 있다. 그리고 청중은 이런 결점에 대해 짐작하고 있을 가능성이 크다. 반대 의견 탐색 과정이 필요한 이유다.

청중은 당신이 제시한 대안을 듣고 의구심을 가질 수 있지만, 프레젠테이션 자리에서 직접 이의제기를 하지 않을 수 있다. 질의응답 시간을 남겨두고 청중의 참여를 적극적으로 장려하더라도 어떤 사람은 말하는 것 자체를 꺼린다. 사람에 따라 수줍음을 많이 타기도 한다. 또 갈등의 여지 자체를 만들고 싶지 않은 사람도 있다. 대신 이들은 무엇이 잘못됐는지 머릿속으로 곰곰이 생각한 다음 발표자가 떠난 후에야 나머지 팀원들과 논의할 수 있다. 이렇게 되면 발표자는 이에 대해 반박하거나 본인의 입장을 방어할 기회조차 없다.

이의제기를 기대할 수 없는 상황이라면 발표자가 직접 나서야 한다. 그들의 의구심이 내면의 독백 속에 점점 커지도록 내버려 두지 말고 공개적으로 드러내 논의될 수 있도록 해야 한다.

이런 방법을 사용하면, 청중은 당신이 자신의 말을 듣고 있다고 느낀다. 그리고 당신은 해결책과 관련해 발생할 수 있는 문제에 대해 보완 방법을 제시함으로써 청중에게 관심을 갖고 있음을 다시 한번 보여줄 수 있다.

그냥 아무 말 없이 '조용히 넘어가길' 바라는 게 더 낫지 않을까 싶을 수도 있다. 하지만 그런 일은 없을 것이다. 청중의 반대는 언젠가는 드러나기 때문이다. 모든 커뮤니케이션에서, 특히 프레젠테이션에서 청중의 독백은 가장 큰 문제 중 하나다. 이들의 잠재적 반대를 그대로 내버려 둬서는 안 된다.

SUPERB 단계	상세 내용	목표
선택지 탐색	몇 가지 대안 탐색, 발표자의 선택지 설명, 발생 가능한 문제 및 해결책 언급	새로운 발견에 대한 발표자와 청중 간의 공감대 형성

현실 제시 Real

소설이나 영화, 연극의 작가는 관객의 상상력에 몇 가지를 맡길 수 있다. 이들은 관객이 재미를 기대하고 있다는 가정 하에 내용을 전개한다. 약간의 추가 작업으로 복잡한 줄거리를 조정할 수도 있다. 하지만 비즈니스 환경에서는 그렇게 세심하게 작업할 여유가 없다. 청중이 프레젠테이션 내내 온전히 집중해 모든 단어와 의미를 파악할 수 있을지도 모른다. 하지만 그렇게 될 것이라고 가정하는 것은 큰 위험을 감수하는 것이다.

대신, 모든 것을 절대적으로 명확하게 보여줘야 한다. 말하고 쓰는 모든 것이 가능한 실제처럼 보이도록 해야 한다. 해결책도 생생하게 구현해야 한다.

블레이크 스나이더는 "실제 인물이 우리의 길을 제시한다"라고 말한다. 커뮤니케이션이 전략이나 데이터, 개념의 세계에 머물러 있으면 청중이 받아들이기 어려울 수 있다. 따라서 프레젠테이션의 핵심 아이디어는 개인의 경험을 통해 설명해야 한다. 가능하면 한 사람의 삶을 근거로 당신의 주장을 펼쳐나가야 한다. 예를 들면 다음과 같다.

- 새로운 절차를 제안하는 경우, 그것이 한 개인의 하루 혹은 일주일 생활에 어떤 영향을 미칠지 보여준다.
- 마케팅 캠페인을 제안하는 경우, 한 명의 소비자가 어떤 경험을 하게 될지 제시한다.
- B2B 서비스를 판매하는 경우, 최종 소비자의 삶에 어떤 변화를 가져올지 나타낸다.
- 프로젝트 관련 도움을 요청하는 경우, 청중에게 어떤 약속을 할 수 있는지 명확히 제시한다.
- 특정 혜택에 관해 설명하는 경우, 청중에게 주어질 '빠른

이점'이 무엇인지 분명히 보여준다.

- 문화적 변화에 대해 논의하는 경우, 특정 역할을 맡은 사람들의 변화된 행동을 구체적으로 세분화하여 나타낸다.
- 추상적인 개념은 스토리에서 통하지 않는다. 생생하고 손에 잡히는 현실 제시가 효과적이다.

SUPERB 단계	상세 내용	목표
현실 제시	개인의 실제 경험을 기반으로 생동감 있는 해결책 제시	주제에 대한 실질적인 이해 독려

두 종류의 청중 모두 만족시키기 Best of both worlds

스토리의 결말은 어떻게 될까? 스토리의 결말은 처음 시작할 때 약속했던 최종 혜택을 성공적으로 안겨줌으로써 끝난다. 문제 상황에 부딪혀 해결책을 모색해 마침내 승리하게 된다. 물론 아직 모든 과정이 끝난 건 아니다. 하지만 퀘스트의 끝을 향한 윤곽은 나왔다. 10% 비용 절감을 약속했고, 그 방법을 정확히 보여주었다. 연말까지 새로운 절차의 성공적 도입을 보장했고, 이를 위한 달성 방법을 구체적으로 제시했다.

하지만 안타깝게도 성공적 결말은 그리 간단하게 따라오지 않는다. 고객이나 이해관계자가 요구한 내용을 정확히 전달했음에도 불구하고 프레젠테이션에 실패할 수 있다. 화가 나지만 사실이다. 여기에는 여러 가지 이유가 있을 수 있지만, 가장 일반적인 이유는 고객이 익숙하지 않은 언어로 표현한 탓에 당신이 제시한 혜택을 고객이 알아차리지 못했기 때문이다. 다행히 이 부분은 가장 손쉽게 해결할 수 있는 부분이기도 하다.

커뮤니케이션에서 어려운 부분 중 하나는, 청중의 반응을 꿰뚫어 볼 수 있을 만큼 그들을 제대로 이해하는 것이다. 청중을 잘 알고 있어 그들의 반응을 어느 정도 짐작하는 경우도 있지만, 전혀 모르는 사람이라 종잡을 수 없는 경우도 있다. 또 철저한 사전 조사가 가능한 개개인을 상대로 하기도 하지만, 각기 다른 서로 다른 태도와 성격을 지닌 대규모 집단을 상대하기도 한다. 어떻게 하면 이들 모두에게 적합한 커뮤니케이션을 진행할 수 있을까?

물론 완벽할 수는 없다. 하지만 성공 가능성을 극대화하려면, 프레젠테이션 결론과 관련해 반드시 인정해야 할 청중의 특성이 있다.

이 같은 청중의 특성은 개개인이 당신의 스토리 결론에 어떻게 반응하는지 정의한다. 이를 정의하는 방식에는 여러 가지가 있지만, 가장 접근하기 쉽고 유용한 방법은 청중을 '전진형'과 '회피형' 두 종류로 나누는 것이다. 이 용어는 신경 언어 프로그래밍 분야에서 처음 사용하기 시작했다.

'전진형' 사람은 자신이 나아가고자 하는 흥미진진한 미래에 동기를 부여받는다. 반대로 '회피형' 사람은 되도록 멀리하고 싶은 문제와 위험을 피함으로써 동기를 부여받는다.

예를 들어, 일과 삶의 균형에 대해 '전진형' 사람에게 질문하면 이런 대답이 나올 수 있다. "평소처럼 제시간에 집에 가 아이들 잠자리에서 책을 읽어주고 싶다." 본질적으로 같은 요점을 이야기해도 '회피형' 사람은 전혀 다르게 대답할 것이다. "최소한 일주일에 이틀은 5시 30분에 퇴근해야 한다. 그렇지 않으면 스트레스 지수가 하늘을 찌른다." 전자는 긍정적이고 즐거운 목표를 지향하지만, 후자는 부정적인 문제를 피하려고 한다. 두 사람은 정반대의 관점에서 똑같은 상황, 똑같은 목표를 바라보는 셈이다.

청중의 언어 사용은 이들의 성격과 성향을 파악할 수 있는 중요한 단서다. 이는 안타깝지만 '전진형' 사람을 끌어들이는 단어와 문구가 '회피형' 사람은 더 멀어지게 할 수 있다는 뜻이다.

프레젠테이션에서 미래가 기대되는 혁신적인 솔루션에 대해 끊임없이 이야기한다면 '전진형' 청중에게는 점수를 얻을 수 있지만, '회피형' 청중은 적극적으로 소외될 수 있다. 이들은 당신의 창창한 계획이 자신의 업무에 불러올 새로운 지옥을 두려워할 수 있다. 반대로 각종 문제 해결과 비효율성 근절에 관해 이야기한다면 '회피형' 청중은 좋아하겠지만 '전진형' 청중은 프레젠테이션이 빨리 끝나 당신의 부정적 세계관과 멀어지길 원할 것이다.

청중을 잘 아는 경우 이들이 둘 중 어느 쪽에 속해 있는지 파악해 결론에서 적절한 언어를 사용할 수 있다.

하지만 청중을 잘 모르거나 '전진형' '회피형'이 섞여 있는 경우에는 양쪽 모두를 만족시킬 수 있는 언어를 사용해야 한다.

양쪽 모두에게 행복한 결과로 스토리를 마무리해야 한다. '전진형' 청중에게는 과하지 않으면서도 충분히 흥미진진한 혜택을 약속하고, '회피형' 청중에게는 지나치지 않을 정도의 충분한 안전과 보안을 약속해야 한다.

SUPERB 단계	상세 내용	목표
두 종류의 청중 모두 만족시키기	'전진형' 청중에게는 흥미진진한 미래를, '회피형' 청중에게는 안전한 미래를 제시	제안에 대한 동조와 수락을 유도

이번 장에서는 SUPERB가 프레젠테이션에 어떻게 사용될 수 있는지에 대해 알아봤다. 하지만 이 모델은 이보다 훨씬 더 다양한 용도로 활용될 수 있다. 다음 두 장에서는 다른 프레젠테이션이나 데이터 작업, 문서나 이메일 작성, 그리고 중요한 회의 구성에 SUPERB가 어떻게 활용되는지 살펴보겠다.

이에 앞서 이번 장의 내용을 표3으로 정리해보자.

SUPERB 단계	상세 내용	목표
공유 경험	공유하고 있는 순간에 대한 회상 및 서로가 동의한 긍정적인 대상	발표자와 청중 사이의 공감대 형성
최종 혜택	논의 중인 주제에 대해 청중이 누릴 수 있는 잠재적 이득	발표 내용에 대한 흥미 유발
문제 정의	문제 식별 및 분석	말하고자 하는 바에 대한 공감대 형성
선택지 탐색	몇 가지 대안 탐색, 발표자의 선택지 설명, 발생 가능한 문제 및 해결책 언급	새로운 발견에 대한 발표자와 청중 간의 공감대 형성
현실 제시	개인의 실제 경험을 기반으로 생동감 있는 해결책 제시	주제에 대한 실질적인 이해 독려
두 종류의 청중 모두 만족시키기	'전진형' 청중에게는 흥미진진한 미래를, '회피형' 청중에게는 안전한 미래를 제시	제안에 대한 동조와 수락을 유도

표3

6장

스토리에 맛을 더하는 데이터 활용법

2009년 여름, 당시 아프가니스탄 주둔 미군 총사령관으로 임명된 스탠리 매크리스털은 카불에서 진행된 파워포인트 프레젠테이션에 참석 중이었다. 이 자리는 매크리스털이 새로 임명되면서 매주 참석해야 했던 15번의 파워포인트 프레젠테이션 중 하나였다.

그날 프레젠테이션이 진행되던 중, 어느 순간 아프가니스탄에서 미국이 수행하는 전략의 복잡성을 설명하기 위해 만들어진 슬라이드가 등장했다. 슬라이드에는 '인구 상황과 신념' '부족 통치' '대중의 지원' '마약' 등 13개 제목이 나열돼 있었다.

게다가 산발적으로 배열된 이들 제목 사이로 '사회 구조에 대한 유기적 이해와 지식' '문화적 침식 및 와해' '정부 절차 및 투자의 투명성' 등 100개에 가까운 소제목이 달려 있었다. 소제목은 모두 화살표로 연결돼 있었고, 이 모든 항목은 8가지 색상의 그룹으로 나뉘어 있었다.

아무리 읽어도 이해하기 어려웠다. 솔직하기로 유명한 매크리스털은 이렇게 선언하며 회의실의 분위기를 한마디로 표현했다.

"저 슬라이드를 이해하면 우리는 전쟁에서 승리할 것이다."

재미있는 말이지만, 정확한 말은 아니다. 그 슬라이드를 이해한다고 해서 전쟁에서의 승리가 보장되진 않는다. 이해한다고 해서 얻을 건 아무것도 없다. 슬라이드에 담긴 것은 정보일 뿐, 그 모든 정보를 이해하고도 다음에 무엇을 어떻게 해야 할지 모를 수 있다.

필자를 포함한 대부분 사람은 전쟁을 치를 필요가 없다. 하지만 우리는 종종 위 슬라이드처럼 복잡하기만 할 뿐 전혀 도움이 되지 않는 파워포인트 슬라이드와 문서를 자주 접하게 된다. 많은 정보와 데이터를 가진 사람이 그 정보와 데이터를 다른 사람이나 그룹에 전달해야 할 때마다 이처럼 복잡한 내용을 제시할 가능성이 크다.

독이 될 수도 약이 될 수도 있는 데이터

데이터가 점점 더 많은 조직의 중심에 자리 잡게 되면서 데이터를 활용해 장기 전략과 전술적 의사결정을 내리는 경우가 많아지고 있다. 그러나 가용 데이터의 양과 세분화 정도가 기하급수적으로 증가하면서 처음에 기대했던 만큼의 이점을 얻지 못하고 있다고 토로하는 조직도 늘어나고 있다. 여기에는 여러 가지 이유가 있지만, 데이터에 능통한 사람이 데이터를 전혀 다루지 못하는 사람과 소통할 때 발생하는 문제도 주요 이유 중 하나다.

데이터 활용을 극대화하려면 조직은 먼저 데이터가 무엇을 의미하는지 파악한 다음 데이터의 가치를 정립해야 한다. 데이터의 의미 파악과 가치 정립이 성공적으로 완료되려면 조직 내 데이터 전문가가 일반 직원들과 긴밀하게 소통해야 하는데 이런 커뮤니케이션은 대개 효과적으로 이루어지지 않는다. 이는 매우 실망스러운 일이 아닐 수 없다.

데이터는 스토리를 강화하는 데 강력한 힘을 지니고 있다. 실제로 데이터는 시장의 변화무쌍함을 나타내는 도구나 스토리의 기초를 이루는 매개체로서 스토리의 강력한 창조자가 될 수 있다. 하지만 복잡하고 난해한 차트와 표로 가득한 프레젠테이션이나 보고서에 지친 사람이라면, 이 말을 믿기 어려울 수도 있다.

그렇다면 무엇이 잘못된 걸까?

편견을 갖고 싶진 않지만, 보통 데이터를 많이 다루는 사람들은 분석적인 성향이 강한 탓에 스토리텔링이 강력한 커뮤니케이션 수단이라는 사실을 믿지 못하는 경향이 있다. 결국 스토리텔링이 중요한 이유를 설명하는 핵심 아이디어 중 하나는 (1장에서 살펴본 것처럼) 사람들은 논리적 근거가 아닌 감정에 따라 의사결정을 내린다는 사실이다. 우리는 논리적인 근거를 바탕으로 의사결정한다고 믿고 싶어 하며, 우리 뇌에서 논리를 담당하는 부분은 이를 사실처럼 보이게 하려고 노력한다.

온종일 데이터를 다루는 사람은 직장 내 의사결정이 데이터에 기반해 논리적으로 이뤄진다고 굳게 믿고 있기 때문에 감성적인 스토리텔링 방식을 통해 더 강력하게 소통할 수 있다는 것에 상당히 저항할 수 있다. 또 스토리를 전달하고 감성적으로 소통하는 능력에 자신감이 부족해 각종 차트 뒤에 숨는 것이 더 안전하다고 느낄 수도 있다. 그것도 수많은 차트 뒤에.

안전지대에 머무르며 자신에게 맞는 방식으로만 소통함으로써 청중에게 다가가 진정성 있는 의사소통을 하는 것에는 실패한다. 데이터라는 값진 도구를 갖고 있지만 이를 개발할 기회를 놓치는 셈이다. 그 결과 청중은 지루함을 느끼고, 데이터에 숨어 있는 가치는 안타깝게도 그대로 사장돼 모두에게 해를 끼친다.

SUPERB는 데이터 기반 스토리 생성에 특히 유용하다. 스토리텔링을 예술이나 창의적 관점이 아닌 공학적 관점에서 바라볼 수 있게 해주기 때문이다. 동시에 이 모델은 데이터를 스토리로 변환하는 방법에 대한 명확한 단서를 제공한다.

데이터 전문가팀을 코칭하면, 이들은 대개 SUPERB 중 다음의 항목에 특히 공감한다.

- SUPERB는 발표자에 관한 것이 아니다. 발표자는 자연스러운 스토리텔링 기술을 갖고 있을 필요도, 자신에 대해 이야기할 필요도 없다.
- SUPERB는 '창의적인' 작업이 아니다. 물론 무언가를 창조하는 것은 맞지만, 브레인스토밍이나 추가적인 활동을 통해 창조하는 것은 아니다.
- SUPERB는 따라야 할 명확한 절차가 있으며, 그 절차를 잘 따를수록 더 성공적인 결과를 얻을 수 있다.

숫자에 가치 더하기

데이터는 그것을 산출한 사람이나 프레젠테이션, 문서 작성자에게는 명확하게 이해될 수 있지만, 데이터를 잘 모르는 청중에게는 그 의미가 분명히 전달되지 않을 수 있다. 따라서 일반 청중을 대상으로 데이터 기반 커뮤니케이션을 효과적으로 하려면 데이터를 먼저 의미로 변환한 다음, 다시 가치로 변환해야 한다. 이 작업은 스토리를 구축하기 전에 먼저 진행돼야 한다.

데이터를 볼 줄 아는 사람은 대개 스토리텔링에 대한 교육을 받지 않았을 뿐 아니라 데이터를 의미로 변환하는 기본적인 훈련조차 받지 않은 경우가 많기 때문에 그 속에서 의미를 찾는 일은 보통 청중에게 맡겨버린다. 그러나 데이터가 익숙지 않은 청중 역시 이 작업이 어렵다.

그렇다면 필자는 왜 '데이터에 익숙하지 않은 청중'이라는 다소 거북한 표현을 반복하는 것일까? 청중 가운데 가장 영향력 있는 사람들, 즉 주요 의사결정권자는 데이터를 이해하는 데 필요한 교육을 받지 않은 경우가 대부분이고, 자연히 차트를 해석하고 도표의 진정한 의미를 파악하는 데 필요한 작업을 수행할 역량도 거의 없다. 설령 어느 시점에 그러한 능력을 갖추었다고 해도, 수년간 한 장짜리 문서와 임원 요약본을 통해 신중하게 선별된 정보만 손쉽게 받아먹었을 가능성이 크다. 이들에게는 다른 사람이 데이터를 해석해주는 게 당연한 일이다.

심지어 발표자가 모든 대화를 시작할 수 있는 지위와 권한을 지닌 인물이 아니라면, 불쑥 이런 말을 하는 사람도 있다. "그냥 요점만 알려주세요." 그리고 이때, 모든 청중에게 적용되는 광범위한 문제가 있다.

읽기 어렵다면, 실행도 어렵다.

이 개념은 미시간대학교의 송현진 교수와 노버트 슈바르츠 교수의 연구에서 비롯된 것이다. 간략한 내용은 다음과 같다.

사람들은 지시 처리의 어려움을 행동 실행의 어려움으로 잘못 인식하는데, 이 같은 오해는 그 행동에 참여하려는 의지를 약화하는 것으로 나타났다.

위 연구에 따르면, 사람들은 이해하기 어려운 데이터를 접하면, 그 데이터가 설명하는 작업도 어려울 것이라고 가정한다. 예를 들어, 새로운 기술에 대한 설명이 복잡하면 그 기술이 사용자 친화적이지 않을 것으로 예상하는 것이다. 읽는 데 큰 노력이 필요해 보이는 각종 도표와 그림을 마주하게 되면 청중은 그 안에 포함된 데이터도 이해하기 어렵고, 그것을 바탕으로 수행해야 하는 작업도 어렵다고 느낀다.

그래서 도표를 읽기 쉽게 만들면 사람들이 요지를 파악하기 쉽고, 이후 제시되는 모든 제안에 동의할 가능성이 크다.

데이터 기반 프레젠테이션의 3가지 유형

이번 장에서 우리가 논의 중인 커뮤니케이션은 파워포인트라고 가정하겠다. 그러나 기타 문서나 여러 데이터가 포함된 다른 작업에도 기본적으로 동일한 원칙이 적용된다.

데이터 기반 프레젠테이션은 보통 제시, 보고, 제안 세 가지 형태 중 하나다.

첫 번째는 제시 형태다. 이 프레젠테이션의 기본 목적은 데이터 팀이 하는 일과 그 방법을 설명하는 것이다. '업무수행 방식을 알려주세요' 혹은 '당신의 역량을 소개해주세요' 같은 질문에 간단히 설명할 수 있다.

두 번째는 보고 형태다. 이것의 목적은 청중에게 일련의 데이터를 보여주는 데 있다. '최신 매출 현황을 알려주세요' '3분기 활동 내용을 보여주세요' '최근 연구 프로젝트 상황을 요약해주세요' 같은 질문에 대한 대답으로 이뤄진다.

세 번째는 제안 형태다. 이것은 데이터가 의미하는 바가 무엇인지 전달하는 데 목적이 있다. 앞선 두 프레젠테이션보다 좀 더 핵심을 짚는다. '소비자 조사에서 흥미로운 결과가 나왔나?' '경쟁사 현황은 어떠하며 우리는 어떻게 대응해야 할까?' 같은 질문에 답을 준다.

그러나 어떤 답변이 이뤄지든 청중은 결국 제안의 요소를 원한다고 가정하는 게 좋다. '업무수행 방식을 알려주세요'라는 요청의 진짜 의미는 '당신의 업무수행 방식과 당신이 하는 일 가운데 특히 나와 우리 회사에 관련 있는 부분을 알려주세요'라는 의미다. '당신의 역량을 소개해주세요'라는 요청은 '당신의 역량과 함께 그것이 가치를 더할 수 있는 역량을 강조해서 말해주세요'라는 뜻이다. '최신 매출 현황을 알려주세요'라는 요청의 경우 '최신 매출 현황과 함께 눈에 띄거나 흥미로운 추세가 있으면 소개해주세요'라는 의미다.

착각하지 말자. 데이터는 조연일 뿐

당신이 해야 할 일은 작업 중인 업무를 전달하는 것이 아니라 업무의 가치를 전달하는 것이다. 이점을 분명히 기억하자. 당신이 하는 모든 일을 보고 싶어 하는 사람은 아무도 없다. 하지만 간혹 자세한 연구 결과가 실린 자료, 즉 제안 형태가 아닌 보고 형태의 프레젠테이션을 요청하기도 한다. 그러나 이런 경우는 드물다.

대부분 청중은 편집된 내용을 원한다. 내용을 편집하지 않고 모든 데이터를 보여주는 경우는 특정 개인이나 부서가 얼마나 노력했는지 나타내고 싶거나 업무의 개요와 범위를 충분히 이해했음을 증명하려는 욕구에서, 혹은 나중에 문제가 생기면 모든 책임을 자신이 지게 될지도 모른다는 강박적인 믿음에서 비롯된다.

대개는 데이터를 가능한 모든 조합으로 보여주는 부록을 구성해 원하는 사람만 선택적으로 읽게 함으로써 이러한 욕구를 충족시킬 수 있다.

편집할 때는 당신이 스토리의 주인공이 아닌 것처럼 데이터 역시 주인공이 아니라는 점을 계속해서 떠올려야 한다. 주인공은 당연히 청중이다. 따라서 데이터 전체를 보여줄 필요는 없다.

데이터 기반 커뮤니케이션이 때로 이해하기 어려운 이유

중 하나는 무엇이 중요한지 판별하려는 시도 없이 가용 데이터를 무조건 장황하게 나열해놓기 때문이다.

이를 방지하기 위해 SUPERB를 시작하기 전 4단계 SAFE 과정을 시작해보자.

- 데이터 소스를 확보한다 **S**ource.
- 데이터를 분석해 청중에게 어떤 의미가 있는지 탐색한다 **A**nalyse.
- 청중에게 가장 큰 가치를 부여하는 한 가지 사실이나 수치, 인사이트를 발견한다 **F**ind.
- 청중에게 의미나 가치 없는 모든 것을 삭제한다 **E**liminate.

데이터에서 가치를 찾는 중요한 작업을 먼저 수행하면 이후 스토리를 만드는 것이 훨씬 수월해진다.

<u>데이터 소스를 확보한다</u>

이 단계는 설명이 필요 없을 정도로 간단하다. 숫자를 실행하거나 사용 가능한 데이터를 찾아서 컴파일**하면 된다.

<u>데이터를 분석해 청중에게 어떤 의미가 있는지 탐색한다</u>

데이터를 청중에게 보여주는 것만으로는 충분하지 않다. 해

당 데이터가 청중에게 어떤 의미가 있는지 파악하는 작업이 선행돼야 한다. 이를 위해서는 청중이 누구인지, 그리고 이들에게 무엇이 중요한지 알아야 한다. 프레젠테이션의 대상이 사내 직원이거나 친밀한 고객이라면 이미 이 내용을 알고 있을 수 있다. 혹은 잘 아는 동료에게 조언을 구할 수도 있다.

예를 들어, 청중이 외부의 새로운 잠재고객이라면 그들에게 의미와 가치를 주는 것에 관한 내용을 전달받았을 것이다. 하지만 다수의 경우 우리는 이런 내용을 제대로 전달받지 못한 채 프로젝트를 맡는다. 이런 경우라면 시간을 들여 청중에 관해 조사하는 것만큼 좋은 방법은 없다. 그들이 무엇을 하는지, 무엇을 필요로 하는지, 무엇을 생각하는지, 무엇을 느끼는지 등 최대한 자세히 알아본다.

그들과 대화를 나누고, 그들과 함께 일해본 적 있는 동료에게 물어본다. 인적 경로가 막혀 있다면 온라인을 통해 알아봐야 한다. 이곳은 어떤 회사인가? 무슨 일을 하는가? 중요하게 여기는 가치는 무엇인가? 고객은 누구이며 그들에게 중요한 것은 무엇인가? 회의실에서 내 프레젠테이션을 듣고 있을 사람들은 누구인가? 그들은 이전에 공개 석상에서 어떤 말을 했는가?

해당 업체의 고객 대상 웹사이트, 홈페이지, 링크드인, 유튜

**   하드웨어 작동에 필요한 언어로 처리하는 것.

브 및 기타 소셜미디어를 살펴본다. 이를 통해 각종 데이터를 확보한 후 청중의 공감 가능성이 가장 큰 요소를 찾는다.

<u>청중에게 가장 큰 가치를 부여하는 한 가지 사실이나 수치, 인사이트를 발견한다</u>

스토리에 포함해야 할, 청중에게 의미가 있는 핵심 영역을 파악했다면 다음 단계는 가장 가치 있는 한 가지 핵심 요소를 찾아내는 것이다. 이것은 명백하게 드러날 때도 있고, 취사선택이 필요할 때도 있다. 하지만 강력한 스토리를 만들기 위해 반드시 해야 하는 결정이다.

<u>청중에게 의미나 가치 없는 모든 것을 삭제한다</u>

청중에게 의미 있는 데이터를 선별한 후 가장 가치 있는 영역을 찾았다면, 이제 남은 과제는 나머지 모든 데이터를 어떻게 처리할지 결정하는 것이다. 모든 데이터를 프레젠테이션에서 제시하라는 요청이 없는 한 최대한 삭제하도록 한다.

사람에 따라 이 작업을 매우 어렵게 생각한다. 이 단계에서는 소위 '순진한 목격자(해당 작업에 관여하지 않은 동료)'를 참여시켜 서로 의견을 나누며 어떤 자료를 삭제할지 결정한다. 어떤 데이터도 빼놓을 수 없다면 부록을 만들어 핵심 스토리의 가치를 떨어뜨리지 않도록 한다.

데이터에 SUPERB 적용하기

SAFE를 통한 사전작업을 완료했다면, 이제 5장에서와 거의 같은 방식으로 SUPERB를 사용해 스토리를 만들 수 있다. SUPERB의 기본 사항에 대한 복습이 필요하다면, 앞으로 돌아가 다시 살펴보자. 이번 장에서는 스토리가 데이터에 크게 의존할 때 수행해야 하는 추가 작업에 대해 언급하겠다. 여기서 많은 추가 작업이 필요한 이유는 데이터에 생명을 불어넣는 과정에는 특유의 어려움이 따르기 때문이다.

공유 경험

데이터가 많이 포함된 스토리를 일반 청중에게 전달할 때는 '청중의 현재 위치'에서 시작하는 데 더욱 주의를 기울여야 한다. '발표자의 현재 위치'가 데이터로 가득 차 있어도 청중은 그것을 전혀 인지하지 못한 채 전혀 다른 곳에 있을 수 있기 때문이다. 따라서 공유 경험 단계에서 파생되는 청중과의 연계는 매우 중요하다.

청중과 나눌 수 있는 공유 경험에는 어떤 게 있을 수 있을까? 사내 인력 대상의 프레젠테이션인 경우 회사의 공유 목표, 이전에 함께 참석했던 회의, 회사의 잘 알려진 문화 등이 모두 공유 경험의 원천이 될 수 있다.

반면, 외부 인력 대상의 프레젠테이션이라면 공유 경험은 이들에 관한 내용을 찾아보는 게 가장 이상적이다. 아니면 SAFE 절차 중 잠재고객을 조사하는 과정에서 접할 수도 있다.

이것이 준비돼 있지 않다면 동조를 호소하는 질문, 즉 '네'라는 대답이 나올 수밖에 없는 질문을 사용하는 것이 대안이 될 수 있다.

가령, 모두가 동의하는 업계의 최신 트렌드와 관련된 질문이 이런 범주에 속한다. 이마저도 어렵다면 경제 전반과 인구에 광범위한 영향을 미치는 메가트렌드에서 동조를 호소하는 질문을 찾아볼 수 있다.

이 같은 질문은 프레젠테이션을 준비하는 시점의 시사적 이슈에 따라 달라지겠지만, 이 책을 집필할 시점을 기준으로 보면 다음과 같은 질문이 적절할 것으로 보인다.

- 팬데믹 이후 새로운 업무수행 방식 도입 문제로 많은 기업이 어려움을 겪고 있지 않은가?
- 생활비 문제로 고객들이 어려움을 겪고 있지 않은가?
- 바야흐로 데이터 홍수의 시대다. 때로는 중요한 데이터를 찾기 어려울 때도 있지 않은가?

최종 혜택

사전 SAFE 작업을 하는 동안 청중에게 가장 가치 있는 하나의 사실이나 수치, 인사이트를 발견했는가? 그렇다면 이것이 곧 최종 혜택이다. 이 가치를 커뮤니케이션 시작과 동시에 청중에게 명확하게 설명하는 것이 중요하다.

제시 형태의 프레젠테이션에서는 발표자의 부서나 업무가 청중에게 더하는(혹은 더할 수 있는) 가장 중요한 가치를 다룰 것이다. 보고 형태에서는 데이터를 통해 확인된 가장 중요한 사실에 관해 설명할 것이다. 제안 형태 프레젠테이션의 경우 핵심적인 제안 사항에 대해 언급할 것이다.

이렇듯 스토리의 구조를 만들 때는 하나의 핵심 사항을 중심으로 명확하게 그려가는 것이 중요하다. 그러나 사람에 따라 많은 내용을 한 가지 내용으로 축소하는 것을 마땅치 않게 생각하기도 한다. 이런 상황에 맞닥뜨린다면, 복잡한 전체 개괄을 보여주면서 최종 혜택을 언급하는 방법이 있다. 다음 두 가지 예시로 살펴보자.

지금 우리 앞에는 당장 해결해야 할 문제도, 넘어야 할 산도 많다. 하지만 핵심은, 우리가 시장의 판도를 뒤집을 새로운 혁신 업체들에 크게 뒤처지고 있다는 것이다. 그 증거가 속속 나오고 있으며, 이에 대한 해결이 무엇보다 시급한 상황이다.

요청하신 대로 모든 경제적 요인에 대해 개괄적으로 설명하겠습니다. 그러나 이 프레젠테이션에서 결코 빼놓을 수 없는 핵심 사항이 있다면, 최근의 금리 인상이 고객 생애 가치 추정에 큰 영향을 미치고 있다는 점입니다.

문제 정의

데이터 스토리에서 문제 정의는 회사나 고객이 해결해야 할 과제를 중심으로 이루어진다. 늘 그렇듯 스토리텔링의 주인공은 발표자가 아니다. 청중이 주인공이며, 그들에게 도움이 필요한 문제에 관한 것이다.

프레젠테이션에서 비즈니스 과제나 문제를 명확하게 설명하면, 발표자가 사전에 청중이 필요한 부분을 제대로 파악해 적절한 도움을 주었음을 나타낸다. 이는 청중과 긍정적인 공감대를 형성하는 데 도움이 된다.

대안 및 반대 의견 탐색

이 과정을 통해 발표자는 반대 의견을 탐색하면 어떤 이점이 있는지 전달할 수 있다. 왜 한 데이터 집합은 살펴보고 나머지는 살펴보지 않았는가? 데이터를 한 가지 방식으로만 분석한 이유는 무엇인가? 왜 특정 도표만 보여주고 다른 도표는 보여주지 않는가?

골디락스 모델은 여기에서도 적용된다. 이를 통해 '너무 뜨겁지도, 차갑지도 않은 딱 적당한' 접근법을 안내한다. 다음 예시를 살펴보자.

X 수치를 살펴볼 수도 있었지만, 최신 수치가 아니기 때문에 생략했습니다. Y 수치도 살펴볼 수 있었지만, 그다지 탄탄한 수치가 아니라고 판단했기에 넘겼습니다. 대신, 우리가 해결하고자 하는 문제와 관련해 가장 최신의 강력하고 의미 있는 조합인 Z 수치를 살펴보았습니다.

마찬가지로 나올 수 있을 법한 반대 의견도 살펴봐야 한다. 청중이 당신의 접근 방식에 어떤 의문을 가질 수 있을까? 그들이 걱정하는 것은 무엇인가? 특히, 청중이 데이터 전문가가 아닌 경우 행여 자신이 바보처럼 보일까 봐('나만 빼고 다른 사람은 다 이해하겠지?') 반대 의견을 내거나 질문하기를 꺼릴 수 있다. 청중이 내면의 독백에 갇히기 전에 얼마든지 나올 법한 반대 의견과 그에 대한 대답, 해결 방법을 적극적으로 탐색하자. 다음 예시처럼 말이다.

왜 이 세 지역만 살펴보는 것으로 제한했는지 궁금하실 겁니다. 조사 결과 과거에는 이들 지역이 가장 대표적인 곳으로 확인되었습니다. 저희가 제시하는 방법은, 많은 시간과 비용이 드는 전국적인 조사 없이 수행할 수 있는 가장 빠르고 비용 효율적인 방법입니다.

현실 제시

많은 청중이 데이터나 도표로 사고하는 데 익숙하지 않을 가능성이 크기 때문에 데이터가 많은 프레젠테이션에서는 현실 제시 과정이 매우 중요하다. 따라서 수치가 의미하는 내용을 청중에게 좀 더 현실적으로 생생하게 전달할 수 있는 방법을 찾아야 한다. 대략 네 가지 단계로 이를 수행할 수 있다.

1. 스토리텔링 헤드라인을 사용하고, 이를 적극적으로 활용한다.
2. 스스로 질문하고, 이에 답한다.
3. 가장 단순한 도표만 사용하고, 파이 차트는 사용하지 않는다.
4. 데이터에도 감정이 있다는 것을 기억하자. 최소한 청중의 감정을 불러일으킬 수 있다.

4장에서 설명한 대로 스토리텔링 헤드라인이 중요하다. 도표의 제목은 슬라이드 하단으로 내린다. 그리고 다음과 같이 작성한다. '전국 지역별 판매 보고서. 2023년 4분기 vs. 2022년 4분기' 그러나 헤드라인은 이렇게 표시한다. '새 가격 책정 모델이 도입된 후 매출이 7% 증가했다.'

하지만 단순히 슬라이드 상단에 스토리텔링 헤드라인을 넣는 것만으로는 충분치 않다. 헤드라인은 신중하게 사용해야 한다. 헤드라인을 통해 프레젠테이션의 본질을 다시 떠올려보자. '도표를 제시한다'라고 생각하지 말자. 대신, 헤드라인으로 스토리를 전달하고 있다고 생각하자.

모든 슬라이드에 스토리텔링 헤드라인을 삽입하자. 다음 슬라이드로 넘어갈 때는 헤드라인이 가장 눈에 띄어야 한다. 새로운 슬라이드로 넘어갈 때마다 헤드라인을 크게 읽는다. 이것은 무의미한 반복처럼 보일 수 있지만, 매우 중요한 과정이다. 설사 청중이 다른 곳에 눈을 돌려도 발표자가 헤드라인 한 가지만 언급하면, 청중의 시선은 다시 돌아올 것이다.

한 슬라이드에 대한 논의를 마치며 생기는 질문에 다음 슬라이드의 헤드라인이 답할 수 있도록 슬라이드 간 질의응답 기법을 사용하면 매우 효과적이다. 다음 예시를 살펴보자.

- 헤드라인 A: 전체 매출이 7% 증가했습니다.
- 슬라이드 A에서 B로 전환될 때 질문: 하지만 25세 미만의 성장세가 중요하다고 말씀드렸죠. 그 부분 현황은 어떤가요?
- 헤드라인 B: 18~25세 매출은 12% 증가했습니다.
- 헤드라인 A: 직원의 87%가 "회사가 나를 소중히 여긴다고 생각한다."라고 답했습니다.
- 슬라이드 A에서 B로 전환될 때 질문: 전반적인 상황은 그렇습니다만, BAME 직원들 현황은 어떤가요?

- 헤드라인 B: BAME의 경우 직원 중 58%가 "회사가 나를 소중히 여긴다고 생각한다."라고 답했습니다.

이런 식으로 요점을 설명함으로써 청중에게 스토리를 친절하게 안내한다.

헤드라인을 작성했다면 도표나 그림이 꼭 필요한지 신중하게 생각해보자. 수치가 필요한가? 아니면 스토리텔링 헤드라인만으로도 슬라이드의 의미를 전달할 수 있는가? 많은 경우 그렇다. 모든 슬라이드에 도표나 그림을 넣고 싶은 충동은 자제할 필요가 있다. 늘 필요한 건 아니니 말이다.

그러나 반드시 근거가 있어야 한다고 생각되면 도표나 그림 없이 주요 수치 하나만으로 뒷받침할 수 있을지 생각해보자. 가령, 막대 차트에 부서별 교육 현황을 퍼센트로 표시한 뒤 부서 간 평균을 구불구불한 선으로 표시하지 않고 그저 '직원의 73%가 이미 신규 작업 방식에 대한 교육을 이수했다'라는 언급만으로 충분한지 고려해보는 것이다. 물론 구체적인 정보 제시가 필요한 경우도 있다. 여기서는 특정 부서의 교육 현황이 다른 부서보다 뒤처지고 있다는 게 핵심일 수 있다. 또 그렇지 않을 수도 있다. 청중이 관심을 두는 곳은 전반적인 재교육이 순조롭게 진행되고 있다는 사실일지 모른다.

올바른 도표 사용법

도표가 꼭 필요하거나 도표 없는 프레젠테이션은 도저히 자신이 없어 반드시 넣어야 한다면, 다음 단계는 올바른 유형의 도표를 선택하는 것이다.

도표 유형별 효과를 논하는 것이 스토리텔링 책에서는 다소 뜬금없어 보일 수 있지만, 그렇지 않다. 올바른 도표 유형은 스토리 전달에 도움이 된다. 반대로 잘못된 도표 유형은 스토리의 진행을 방해한다.

사람들은 헤드라인에 담긴 스토리를 따라가고 싶어 한다. 도표나 그림을 해석하는 데 많은 시간이 소요될수록 스토리에 집중하지 못하고 금세 잊어버린다. 따라서 요점을 정확하고 빠르게 전달하거나 헤드라인을 뒷받침하는 도표 유형을 선택하는 것은 강력한 스토리 전달에 있어 매우 중요한 요소다.

데이터 기반의 프레젠테이션이 필요하다면, 발표자는 도표 읽는 방식을 이해해야 한다. 이는 우리가 일반적으로 세상을 이해하는 것과 크게 다르지 않다. 우리는 크기나 색상, 독특한 특성으로 인해 눈에 띄는 것부터 보게 된다. 그리고 변화와 차이를 찾는다. 극히 적은 몇 가지만 보고자하며, 눈에 보이는 요소에서 의미를 찾고자 노력한다. 정보가 너무 많으면, 우리는 어떤 정보도 받아들이지 않거나 의미를 부여하지 않으려는 경향이 있다.

사람들이 도표를 읽는 방식에는 몇 가지 기본 규칙이 있으며, 프레젠테이션할 때 이런 규칙을 어기면 자칫 위험에 빠질 수 있다.

- 시간은 왼쪽에서 오른쪽으로 이동한다.
- 더 높다는 것은 더 많거나 좋다는 것을 의미한다.
- 두 요소가 같은 색을 공유하면 어떤 식으로든 연결돼 있음을 의미한다.
- 한 요소의 색이 다르거나 고유한 색을 띠고 있다면 어떤 식으로다는 다르다는 의미다. 매우 중요한 부분일 수 있다.
- 모든 요소의 크기와 색상이 같다면, 어떤 것도 중요하지 않다는 뜻이다.

의미상에 변화나 차이가 없음에도 시각적인 변화와 차이를 보여주는 도표는 전혀 도움이 되지 않는다. 각각에 대한 구체적인 의미 없이 크기나 색상, 모양에 차이가 있는 도표는 혼란만 준다. 너무 많은 정보를 담고 있는 도표는 청중을 향한 공격적 행위일 뿐이다. '이 많은 정보를 처리하는 것이 귀찮으니 당신이 알아서 하세요!'라고 말하는 것과 같다.

여기서 잠깐, 대부분 사람이 가장 이해하기 쉬운 차트는 일반적인 막대그래프다. 도표를 자주 만드는 사람들은 이런 막대그래프를 지루해하고 좀 더 신선한 도표를 원한다. 하지만 이런 유혹을 뿌리쳐야 한다. '새롭고 신선한 도표'는 대부분 사람이 이해하기 힘든 도표일 가능성이 크다.

　막대그래프를 수직이 아닌 수평으로 만들 경우, 막대별 핵심 내용을 막대와 나란히 배치할 수 있다는 장점이 있다. 이 내용 역시 가로로 넣어 읽기 쉽게 한다.

　그래프의 정보는 척도 위에 혹은 길이로 표시하는 게 가장 간단하고 이해하기 쉽다. 경사면이나 각도를 이용하는 것도 나쁘지 않다. 그러나 의미 전달을 위해 영역을 사용하기 시작하면 청중의 이해는 힘들어진다. 버블차트는 청중을 당황스럽게 할 뿐이다. 3차원 그래프는 너무 복잡하므로 어떤 형태의 볼륨 차트도 넣어서는 안 된다.

　이와 관련해 저명한 통계학자인 존 투키는 다음과 같이 말했다. "파이 차트에 표시할 수 있는 데이터는 없으며, 다른 유형의 도표에서 더 잘 표시할 수 있는 데이터도 없다."

데이터에 생명력 불어넣기

　현실 제시 단계에서는 데이터를 정확하게 표시하는 것뿐 아니라 조금 더 생동감 넘치게 표현하고 싶을 수 있다. 데이터에 생명력을 불어넣고 싶은 것이다. 이상적으로는 데이터 속에 숨은 감정을 찾아내는 것이 가장 좋다. 조금 이상하게 들릴 수 있지만, 불가능한 것은 아니다. 데이터에서 적절히 감정적으로 반응할 수 있는 권한을 당신 자신에게 부여하기만 하면 된다. 데이터가 좋은 의미를 나타내는가? 그렇다면 기분이 좋아질 것이다. 데이터가 나쁜 의미를 나타내는가? 그렇다면 기분이 나빠질 것이다.

따라서 매출 증가를 나타내는 슬라이드를 소개할 때는 다음과 같이 말할 수 있다. "이 차트를 여러분과 공유하게 되어 정말 기쁩니다." 혹은 이렇게도 표현할 수 있다. "다음 차트를 보시면 더 흥미로울 겁니다."

데이터가 제시하는 내용에 따라 실망이나 걱정, 놀라움, 두려움 같은 단어를 사용할 수 있다. 또는 기쁨이나 매력, 놀라움, 황홀함 등의 표현을 쓸 수도 있다.

이 같은 형용사를 사용해 데이터를 설명하는 것이 처음에는 다소 이상하게 보일 수 있다. 하지만 데이터 기반 프레젠테이션을 좀 더 생생하게 진행하는 데 큰 도움이 될 것이다.

물론 과장된 표현은 피해야 한다. 데이터가 예상한 결과와 정확히 일치한다면, 경이로운 결과인 척 흥분하지 말자. 하지만 수치에 긍정적인 면과 부정적인 면이 혼재돼 있다면 생생하게 전달해보자.

두 종류의 청중 모두 만족시키기

데이터 기반 프레젠테이션이 각종 제안이나 행동 지침으로 이어지는 경우, 두 종류의 청중을 모두 만족시키는 것에 관한 기본 개념을 적용해보자. 즉, 긍정적인 면(어떤 미래를 제시할 것인지)과 부정적인 면(어떤 위험으로부터 구할 수 있는지)을 동시에 제공하는 것이다.

프레젠테이션의 목적이 단순히 보고하는 것이라면, 결론을 말할 때는 '전진형' 결론과 '회피형' 결론을 모두 제시한다. 즉, 무언가를 향해 나아가는 내용과 무언가로부터 멀어지는 내용을 모두 보여주라는 것이다. 이렇게 하면 청중에게 최상의 편안함을 제공할 수 있다.

스토리가 명확한가?

발표자가 전해야 할 내용이 많으면 청중의 관점에서 스토리를 구성하기가 그 어느 때보다 어렵다. 따라서 프레젠테이션 자료나 보고서 작성을 마친 후에는 이를 제대로 수행했는지 다시 한번 확인하는 것이 중요하다. 모든 내용을 검토한 뒤 가능한 한 청중의 관점에서 스토리가 잘 전달되고 있는지 확인해보자.

이를 도와주는 간단한 도구가 있다. '이 슬라이드/단락에서는…' 이렇게 시작하는 것이다.

이 부분에는 각 슬라이드나 단락을 차례로 살펴본 뒤 그로부터 청중이 얻을 수 있는 것에 관한 설명이 포함된다. 예를 들면 다음과 같다.

이 슬라이드/단락에서는…중서부 지역의 판매에 대해 다룹니다.

이 슬라이드/단락에서는…우리가 출장에 너무 큰 비용을 지출하고 있다는 점을 지적합니다.

이 슬라이드/단락에서는…우리가 경쟁에서 얼마나 뒤처져 있는지를 보여줍니다.

중간 세 개의 점 뒤에 어떤 단어를 채워야 할지 모르겠다면, 우선 해당 슬라이드/단락이 정말 필요한지 반문해봐야 한다. 필요하다는 확신이 든다면, 동료에게 조언을 구해 과연 어떤 내용이 들어가는 게 좋을지 생각해보자. 새로운 시선이 도움이 될 수 있다.

2장에서 스토리가 무엇인지 정의하며 다양한 각도에서 살펴보았다. 그런데 이때 다루지 않은 한 가지가 있다. 바로 다음 내용이다.

모든 위대한 문학은 두 가지 스토리 중 하나다. 한 사람이 여행을 떠나거나 낯선 사람이 마을에 찾아오거나.

이 말을 누가 했는지는 지금도 정확히 알려져 있지 않다. 가장 일반적으로 톨스토이를 꼽는다.

사실 이 말을 정확히 한 사람은 아무도 없을 가능성이 크다. 그 기원은 소설가 존 가드너가 고안한 글쓰기 연습으로 올라간다. 가드너는 독자들에게 소설의 서두를 쓰는 과제를 제시하면서 이렇게 언급했다. "여행이나 낯선 사람의 도착(질서의 혼란은 일반적인 소설의 시작을 의미함)을 주제로 써보세요."

가드너는 이 두 가지 아이디어가 모든 이야기를 아우른다고 말한 건 아니다. 하지만 이것이 조지프 캠벨의 신화와 얼마나 밀접하게 연관돼 있는지 알 수 있다. 실제로 그의 신화는 한 사람이 여행을 떠나거나(주인공의 여정), 낯선 이가 마을에 도착하며 시작된다.

지금 왜 이것을 소개하는 것일까? 데이터를 다루는 사람들을 코칭하면서 깨달은 점이 있었기 때문이다. 이 두 가지 아이디어는 데이터로 전달해야 하는 수많은 스토리에 유용하게 적용되는 비유라는 점이었다. 이 비유는 기본적으로 다음과 같이 작동한다.

한 사람이 여행을 떠났다 = 회사가 새로운 것을 시도했다. 데이터 기반 프레젠테이션을 통해 어떤 일이 일어났는지 보여준다.

낯선 사람이 마을에 왔다 = 회사가 세상이나 시장의 갑작스럽고, 예상치 못한 변화에 영향을 받았다. 데이터 기반 프레젠테이션을 통해 그로 인해 회사가 어떤 영향을 받았고,

어떻게 대응했는지 보여준다.

오늘날 대부분 비즈니스에서 끊임없이 변화라는 주제가 대두되고 있고, 혁신적 기술과 경쟁사의 모습으로 '낯선 사람'이 계속해서 등장한다는 점을 고려하면, 위 두 가지는 가장 일반적 형태의 데이터 스토리라고 볼 수 있다.

여행을 떠나거나 예기치 않게 도착한 사람 같은 스토리텔링 언어로 데이터 스토리를 생각하다 보면, 단순히 거대한 데이터 덩어리를 전달하는 것이 아닌 그 안에서 스토리를 찾아내는 데 도움이 된다.

7장

스토리텔러의 생각법

앞서 두 장에서는 다음의 세 가지 간단한 기술을 통해 스토리텔링을 비즈니스 커뮤니케이션에 적용할 수 있음을 확인했다. 핵심을 요약하면 다음과 같다.

- 늘 청중을 스토리의 주인공으로 만들라.
- 스토리텔링 헤드라인을 사용해 요점을 전달하라.
- SUPERB를 사용해 업무를 구조화하라.

이 같은 접근 방식은 프레젠테이션에 효과적이다. 청중 앞에 서서 이야기하는 것부터 스토리텔링과 무척 유사하다. 실제로 이 세 가지 전략을 사용하면 가벼운 대화를 하는 것에서부터 장문의 문서나 이메일, 리더십 관련 기사, 블로그 게시물 작성에 이르기까지 모든 형태의 직장 내 커뮤니케이션을 개선할 수 있다.

또한 팀워크 향상을 위한 워크숍, 아이디어 창출 세션, 피드백 공유 등 다양한 유형의 업무 회의 효율성을 높이는 데도 효과적이다.

똑같은 스토리텔링 방법이 이처럼 다양한 상황에 효과적으로 적용될 수 있는 이유는, 이들 상황의 성공 여부가 사람과 사람 사이의 강력한 커뮤니케이션에 달려 있기 때문이다. 글을 읽는 사람이나 회의에 참석한 다른 사람들과의 관계가 빠르게 구축되면 스토리텔링의 효과는 더욱 커진다. 위 세 가지 스토리텔링 전략은 청중과의 관계 조성에 도움을 준다. 서로 연결되는 데 효과적이다.

이 같은 연결 능력은 스토리텔러의 사고방식에서 핵심적인 부분을 차지한다.

스토리텔러의 사고 습관

스토리텔러의 사고방식, 즉 자신이 아닌 상대방에게 초점을 맞추는 사고방식을 개발하면 업무의 여러 영역에 도움이 될 수 있다. 그렇다고 모든 문서 작성이나 회의 석상에서 스토리텔링을 적용해야 한다는 건 아니다. 물론 경우에 따라 그렇게 할 수도 있다. 하지만 그보다는 스토리텔링에 내재한 정서적 힘을 활용하면 모든 일이 개선될 수 있다는 뜻이다.

스토리텔러의 사고방식은 직장에서 어떻게 구현될까? 이는 청중이 주인공이라는 스토리텔링의 핵심 아이디어로 가장 쉽게 설명할 수 있다. 다시 말해, 스토리텔링은 당신에 관한 것이 아니다. 당신이 작성하는 어떤 글도, 참석하는 어떤 회의도 당신이 중심이 되어서는 안 된다. 가장 이상적으로 보면, 당신의 업무는 전적으로 다른 사람들을 중심으로 이루어져야 하며, 여기에 당신 개인의 안건이 포함되어서는 안 된다.

물론 어떤 의미에서 이는 불가능한 일이다. 당신에게는 안건이 있다. 업무 목록도 있다. 처리해야 할 일이 차례를 기다리고 있다. 따라서 이메일을 작성하거나 회의에 들어갈 때는 결과를 염두에 두고 진행한다.

그래서 당신은 개인적 안건이 없다는 생각이 기본적으로 솔직하지도, 가능하지도 않다고 주장할 수 있다. 필자 역시 이에 반박할 수 없다. 하지만 솔직하지도, 가능하지도 않은 목표라고 해도 그것을 목표로 삼는 건 실제로 효과가 있다. 아무것도 원하지 않는 것처럼 일하면, 원하는 모든 것을 얻을 수 있다.

이 같은 역설이 가능한 이유는 무엇일까? 필자는 이에 대해, 사람들을 교육할 때 가장 많이 문제를 제기하는 부분에 답이 있다고 생각한다. 바로 이런 지적이다. "이건 그냥 교묘한 판매술 아닌가요?" 이 같은 문제는 보통 자신이 '영업직에 있지 않다

(우리는 모두 무언가를 팔고 있음에도 불구하고)'라고 생각하는 사람들이 제기한다. 그러면서 이들은 '판매 기술'이라는 단어를 쓸 때 입술을 살짝 말아 올리며 불쾌감을 표시한다. 마치 영업 활동으로 하루를 망쳐버릴 수 있다는 듯 말이다.

　　이들이 지적하는 핵심은 '내 길을 가기 위해 다른 사람을 배려하는 척하는 것 아니냐'라는 것이다. 그럼 필자는 이렇게 대답한다. "그저 말만 번지르르한 영업 기술이라면 그럴 수 있다. 하지만 동료들을 진정으로 배려한다면 그렇지 않다. 이때는 영업 기술 그 이상의 것이 된다." 이런 기술은 교묘한 영업 활동에 사용할 수 있다. 또한 사람들을 진심으로 아끼고 그들의 하루를 더 좋게 만들고 싶은 마음에서 사용할 수도 있다. 필자는 후자의 접근 방식을 선호한다. 이것을 취하면 업무 내외적으로 지속적인 관계 개선 측면에서 여러 가지 이점이 따른다. 그래서 필자는 당신이 동료들을 진정으로 아낀다는 것을 전제로 내용을 이어가겠다.

　　이제 당신은 커뮤니케이션과 회의를 진행하는 과정에서 개인적인 안건을 버리고, 자기중심적인 태도에서 벗어나 주변 사람들과 공감대를 형성할 준비를 마쳤다. 동료들과 진정한 관계를 맺고, 그들을 주인공으로 만들기 위해 노력한다. SUPERB 이면에 있는 더 깊은 교훈도 확인했다. 요컨대, 스토리텔러의 사고방식을 갖게 된 것이다.

　　이를 위해서는 초반에 약간의 준비가 필요하다. 앞서 살펴본 바와 같이 우리는 '작은 두개골 왕국'의 군주로 삶의 모든 순간을 마치 우리가 우주의 중심에 있는 것처럼 바라보기 때문이다. 이 같은 자기중심적 생각에서 벗어나 타인 중심의 관점으로 적극적으로 나아가야 한다.

이를 위해서는 모든 업무상 만남에 대해 일반적인 준비, 그리고 개별 커뮤니케이션이나 회의에 대해 구체적인 준비가 필요하다.

일반적인 준비에는 다음 몇 가지 상황을 고려해보는 것이 포함된다.

- 함께 일하는 동료 중 의사소통에 뛰어나고, 요점을 명확하게 전달하며, 설득에 능숙한 사람은 누구인가?
- 그들은 그 작업을 어떻게 하는가?
- 회의를 주도적으로 진행한 뒤 참석자들에게 만족감을 주는 동료는 누구인가?
- 그들은 회의에서 어떤 에너지를 전달하는가?
- 특히 경청을 잘하는 동료는 누구인가?
- 그들은 어떻게 경청하는가?
- 다른 사람은 하지 않는데 그들이 하는 일에는 무엇이 있는가?
- 다른 사람은 하는데 그들은 하지 않는 일에는 무엇이 있는가?

- 나는 어떤 사람과 주로 오해가 생기는가?
- 이 같은 오해에 내가 기여하는 바는 무엇인가?
- 어떻게 하면 그들과 더 나은 방식으로 소통할 수 있을까?

위와 같은 질문을 스스로 던지고 답을 찾는 시간을 갖는다면, 직장에서의 커뮤니케이션 역량을 개선하는 동시에 '작은 두개골 왕국'에서 벗어나 중요한 변화를 맞이할 수 있을 것이다.

회의 참석이나 이메일 작성, 각종 대화 등 중요한 커뮤니케이션을 앞두고 구체적인 준비 과정을 갖는 것도 도움이 된다. 단순한 대화에 앞서 '준비 과정'을 거친다는 것이 다소 과해 보일 수 있지만, 일단 시도해보면 그 차이에 놀랄 것이다.

다음 질문을 스스로 해보자.

- 내 의도, 그리고 내가 원하는 결과는 무엇인가? 이것을 버리고 청중의 요구사항을 우선순위에 둘 수 있는가?
- 그렇게 했을 때 내 기분은 어떨까?
- 사람들이 특정 회의 참석 후, 혹은 특정 문서를 읽은 후 무엇을 생각하고 느끼며 행동하길 바라는가?
- 특정 회의 참석이나 문서 작성을 앞두고 어떤 기분이 드는가? 왜 그런 기분이 드는가?
- 청중은 지금 어떤 기분이 든다고 생각하는가?
- 청중의 감정적 요구는 무엇인가? 그들을 어떻게 만날 계

확인가?
- 청중을 어떤 감정적 여정으로 안내해야 할까? 이들이 그 여정을 안전하게 완료할 수 있도록 내가 처리해야 할 장애물은 무엇인가?

이 같은 질문의 목적은 스토리텔러의 사고방식을 갖는 것이 얼마나 중요한지 스스로 떠올리기 위함이다. 즉, 내가 원하는 것을 얻는 데 우선순위를 두는 것이 아니라 청중과 공감대를 형성하고, 관계를 맺으며, 그들의 정서적 필요를 충족시키는 데 집중해야 한다는 것이다.

회사는 스토리텔링 학교

스토리텔러의 사고방식을 적용하는 것은 하루아침에 이루어지지 않는다. 다른 사람에게 집중하는 법을 배우려면 시간을 들여 신중하게 연습해야 한다.

한 가지 좋은 소식은, 회사 업무가 이 과정을 연습할 완벽한 기회를 제공한다는 점이다. 회의 중에 이런 생각을 한 적이 있는가? '내가 지금 여기서 뭘 하고 있지?' 얼마든지 그럴 수 있다. 현대 직장의 특성상 굳이 참석할 필요가 없는 회의도 다이어리에 적어놓고 참석하는 경우가 많다. 내가 기여할 것도, 얻을 것도 없지만 회의는 계속해서 열리고 나는 참석한다.

이런 회의에서는 대개 다음과 같은 생각이 든다. '내 인생에서 되돌릴 수 없는 한 시간인데.'

자, 이제 그 시간을 되찾을 수 있다. 적어도 이 한 시간을 의도적으로 연습하는 생산적인 시간, 즉 스토리텔러의 사고방식 적용 과정을 개선하는 시간으로 활용하는 것이다.

우선, 회의를 시작할 때 회의에는 개인적인 안건이 없다는 것을 인식하자. 지금까지는 이것이 당신에게 좌절감을 주는 원인이 되었겠지만, 이제 이 사실을 수용해야 한다. 받아들이자. 개인적인 안건이 없다. 당신은 이 회의의 중심이 아니다. 그냥 인정하고 받아들이자!

지루하고 짜증스럽게 앉아만 있어선 안 된다. 대신 모든 사람의 말을 적극적으로 경청하자. 그래서 회의가 끝날 즈음이면 참석자들의 생각과 느낌, 요구사항을 요약한 보고서를 작성할 수 있도록 연습하자(진짜 보고서까지 쓸 필요는 없다). 사람들의 제스처를 관찰하고, 주변 사람들의 기분이 어떤지, 왜 그런 기분이 드는지 스스로 질문해보자. 충분히 마음을 열고 회의실의 모든 분위기 변화에 민감하게 반응해보자.

그렇다고 회의를 지배하려고 해서는 안 된다. 회의실에서 가장 똑똑한 사람이 되려고 하지 말자. 차라리 아무 말도 안 하는 게 낫다. 그러나 누군가를 도울 기회가 생기면 먼저 손 내밀자.

회의 중 자신의 감정을 주기적으로 확인하자. 회의가 진행되면서 자신의 감정이 어떻게 변하는지 기록해두자. 회의가 끝나면 잠시 시간을 내어 어떤 느낌이었는지, 내가 아닌 다른 사람을 위해 회의에 참석한 기분이 어땠는지 되돌아보자.

이를 정기적으로 연습할 수 있다면, 개인적인 안건이 있는 회의에서도 스토리텔러의 사고방식을 좀 더 쉽게 적용할 수 있다. 자신의 안건을 뒤로하고 다른 사람과 그들의 필요에 집중할 수 있으며, 이를 통해 역설적이게도 원하는 결과를 더 쉽게 달성할 수 있다.

자, 이제 '주인공은 청중이다'라는 단순한 아이디어가 어떻게 일반적인 스토리텔러의 사고방식으로 발전할 수 있는지 확인했다. 그렇다면 다양한 형태의 커뮤니케이션과 회의에서 SUPERB 절차의 일부 혹은 전 단계를 활용하는 방법을 살펴보도록 하자.

이메일

이메일은 대개 짧고 가볍게 보내는 경우가 많다. 그러나 SUPERB 구조를 적용하면 큰 이점을 얻을 수 있다. 이메일이 간결하다는 이유로 공유 경험 단계를 건너뛰고 싶을 수 있지만 그러지 말자. 공감대 형성은 늘 도움이 된다.

내부적으로 전송하는 이메일인 경우(잘 아는 사람이나 함께 일한 적이 있는 동료에게 보내는 경우), 공유 경험은 간결해야 한다.

이전 회의에서 상대방이 했던 말을 다시 언급하거나 내가 말하고자 하는 주제에 상대방이 관심을 보였다는 것을 떠올려주는 것만으로 충분하다. 그러나 잘 모르는 사람에게 보내는 이메일인 경우, 공유 경험을 찾으려면 더 큰 노력이 필요하다. 이때는 상대방이나 회사에 대해 온라인으로 조사한 뒤 그들이 언급한 내용이나 회사의 신념 등을 활용해 공유 경험의 토대를 마련하는 것이 좋다.

최종 혜택은 이메일 수신자에게 해결책을 제시하거나 도움을 줄 수 있는 방식이어야 한다.

문제 정의 단계는 활용하는 게 좋지만, 이메일에서는 메시지를 짧게 유지하기 위해 대안 및 반대 의견 탐색 단계는 건너뛸 수 있다. 물론 간결한 게 좋지만, 이메일 수신자가 내 제안에 반대 의견을 낼 수도 있는 상황이면 그대로 진행한다. 말하지 않고 넘어가면 안 된다.

현실 제시는 매우 중요하다. 한 사람, 또는 한 팀의 경험에 집중해 개념적인 부분을 현실에 빗대어 최대한 생생하게 전달한다.

긍정적이고 흥미로운 결론과 안전을 보장하는 결론을 모두 제시해 두 종류의 청중을 동시에 만족시키도록 한다.

다음 표는 위 내용이 실제 이메일에서 어떻게 적용되는지 보여준다.

이메일 텍스트	SUPERB
조, 안녕하세요. 회사가 가능한 한 빨리 하이브리드 근무 정책을 도입하는 게 얼마나 중요한지 논의했던 것을 기억하실 겁니다.	공유 경험
저는 그렇게 할 수 있다고 생각합니다. 저희 팀은 다양한 아이디어를 모색해 왔고, 비로소 회사 전체에 적용할 수 있는 방안을 찾았습니다.	최종 혜택
앞서 모두가 원하는 대로 일하는 방식으로는 우리가 원하는 결과를 얻지 못한다는 점에 관해 이야기를 나눈 적이 있죠. 하지만 오랜 기간 재택근무를 해온 상황에서 단순히 솔루션만 강요하는 것은 최선이 아니라고 생각합니다.	문제 정의
그래서 저희 팀은 타협점을 찾았습니다. 모두 효과가 있을 것으로 생각되는 세 가지 하이브리드 솔루션을 개발한 다음, 선호도에 따라 투표를 진행했습니다. 통제적인 요소도 있었지만, 선택적인 요소도 있었습니다. 결국 우리에게 가장 적합한 솔루션을 찾았고, 이는 회사 전체에 적용할 수 있는 방법이라고 생각합니다.	대안 탐색
원하신다면, 제가 업무 흐름표를 구성해 사무실에서 필요한 최소 근무일을 달성할 수 있는, 가장 인기 있는 세 가지 하이브리드 솔루션을 파악해보겠습니다. 그리고 인력 자원 그룹과 논의해 투표를 어떻게 처리할지도 논의해보겠습니다.	현실 제시
이렇게 하면 직원들이 인사팀에 크게 반발하거나 문제를 일으키지 않고 자신들이 원하는 방식으로 다시 대면 업무를 할 수 있을 것입니다.	두 종류의 청중 모두 충족

문서

SUPERB가 문서에서 어떻게 적용하는지 설명하기 위해 한 회사에서 사내 배포용으로 제작한 다양성에 관한 백서를 예로 들어보겠다.

독자의 관심을 끌기 위해 강렬한 인상의 대립적이거나 논쟁의 여지가 있는 서두로 시작하고 싶은 유혹이 있을 수 있다. 그러나 이런 유혹은 단칼에 뿌리치자. 대신 공유 경험으로 시작해 독자들의 공감과 동의를 얻자. 다음은 문서를 시작하는 예시다.

문서 텍스트	SUPERB
지난 몇 년간 많은 논의를 거친 결과 우리는 다양성이 회사와 개인은 물론 사회 전체에 선한 영향력을 끼칠 수 있는 흔치 않은 주제라는 결론에 다다랐다.	공유 경험
본 백서는 다양성과 관련해 우리가 직면한 현실적인 문제를 해결하고, 우리가 열망하는 다양한 인력을 확보하며, 진정으로 포용적인 문화를 구축하는 데 도움이 될 새로운 접근법을 간략하게 설명하고 있다.	최종 혜택
그러나 다양성 목표를 달성하는 것이 우리가 기대했던 것보다 더 느리고 어려운 과정임을 알고 있다. 특히 고위직의 경우는 더욱 그렇다.	문제 정의

이제 문제 정의와 대안 및 반대 의견 탐색 단계를 좀 더 구체적으로 살펴보자.

모든 문제를 나열한 다음 전반적인 해결책을 하나로 모으는 것이 일반적인 관행이다. 하지만 스토리텔링 구조를 유지하려면 한 번에 하나의 문제를 해결하고, 대안을 탐색하며, 선호하는 해결책을 제시하고, 반대 의견을 처리한 다음 또 다른 문제로 넘어가는 게 훨씬 좋다.

이렇게 하면 기복이 있는 문제/해결 구조의 스토리를 만들 수 있다. 구조는 다음과 같다.

- 다양한 인재 탐색과 관련해 회사가 직면한 어려움은 무엇인가?
    대안 탐색
    선호하는 해결책 언급
    잠재적인 반대 의견 논의
    해결 방법 제시

- 다양한 인재 채용과 관련해 회사가 직면한 어려움은 무엇인가?
    대안 탐색
    선호하는 해결책 언급
    잠재적인 반대 의견 논의
    해결 방법 제시

- 다양한 인재 영입과 관련해 회사가 직면한 어려움은 무엇인가?
    대안 탐색

선호하는 해결책 언급

잠재적인 반대 의견 논의

해결 방법 제시

다소 딱딱하고 반복적으로 보일 수 있지만, 실제로는 그렇지 않다. 이 구조에 따라 문서를 작성하면, 독자의 참여를 유도하는 스토리텔링 구조를 따르므로 읽기 쉽고, 따라 하기 쉬우며, 기억에 오래 남을 수 있다.

현실 제시 단계에서는 미래에 대한 긍정적인 비전을 보여주는 한두 가지 사례를 제공한다. 그런 다음 제안된 타임라인이나 일련의 단계를 추가함으로써 독자의 감정적 욕구를 충족한다. 마지막으로 미래에 대한 긍정적 비전과 위험에 대한 보장을 모두 제공하는 결론을 도출한다.

문서 전체에 스토리텔링 헤드라인을 부제목으로 사용하면 독자가 본문을 쉽게 이해할 수 있고, 문서를 처음부터 끝까지 죽 훑어보는 독자에게는 '요약본' 역할을 한다.

사례 연구

사례 연구는 SUPERB를 정확하게 따를 수 있다.

공유 경험을 사용해 맥락을 설정한다. 이때 모두가 동의할 수 있는 내용을 언급한다.

최종 혜택을 활용해 사례 연구 초기에 달성한 결과를 개략적으로 설명한다. 문제 정의, 대안 및 반대 의견 탐색을 통해 문제/해결 측면에서 어떤 일이 있었는지 언급하면서 본문의 구조를 만들어나간다.

논의 중인 문제가 고객이나 동료, 기타 이해관계자의 삶에 어떻게 적용되는지 구체적이고 생생한 예를 차례로 제시해 현실감을 더한다. 미래지향적 성과와 함께 잠재적 위험을 피한 방법 모두를 언급한다.

스토리텔링 구조는 회의 진행에도 도움이 된다

스토리텔링 구조가 프레젠테이션, 문서 작성뿐 아니라 회의 진행에도 도움이 된다고 말하는 건 지나친 주장일까? 전혀 그렇지 않다.

스토리의 주요 역할 중 하나는 스토리를 전하는 사람과 청중 사이에 감정적 유대감을 형성하는 것이다. 이와 비슷한 유대감을 동료들과의 회의에도 적용할 필요가 있다. 즉, 내가 원하는 것을 얻는 게 아니라 회의 참석자들과 관계를 구축해나가는 것이다.

스토리가 명확한 내러티브 구조를 가진 것처럼 잘 조직된 회의에도 내러티브 구조가 있다. 회의 참석자들은 자신이 어딘가를 여행 중이고 목적지를 향해 가고 있다고 느껴야 한다.

직장에서 진행되는 몇 가지 전형적인 회의를 살펴보고, 스토리텔링의 기본과 SUPERB 절차가 이를 어떻게 강화할 수 있는지 알아보자.

팀워크 향상을 위한 워크숍

프로젝트 초기, 여러 부서로 구성된 팀원들이 유대감을 형성할 수 있도록 마련되는 야유회 자리는 이를 기획하는 사람이나 참여하는 사람 중 일부에게는 두려움의 원천이 될 수 있다. 이들은 대개 직접 나서서 어색한 분위기를 깨트리는 것에 부담을 느끼고, 속내를 털어놓거나 강제로 참여하는 것을 좋아하지 않는 사람들이다.

SUPERB를 중심으로 야유회를 조직하면 구성하기도 쉽고, 참석자들도 부담스럽지 않으며, 목표에 좀 더 효과적으로 도달할 수 있다.

어색한 분위기를 깨트리기 위해 엉뚱한 게임을 하거나 전혀 모르는 사람들과 뭔가를 공유하는 대신, 협의와 조율의 관점에서 야유회를 시작하는 것이 훨씬 낫다. 따라서 서로 모르는 팀원들이 공통점을 찾고 경험을 공유할 수 있는 오프닝 활동을 고안해보자.

이를 위한 가장 좋은 방법은, 팀을 여러 그룹으로 나눠 그룹별로 훌륭한 팀과 그렇지 않은 팀의 특징에 관해 토론하게 하는 것이다재직 중인 회사 외에 이전 회사에서의 사례만 허용.

각 그룹은 포스트잇에 모든 내용을 적어 전체 팀과 공유한다. '명예의 벽'과 '수치의 벽'을 만들어 훌륭한 팀과 그렇지 않은 팀에 대한 팀원들의 의견을 제시한다. 토론 과정에서 폭넓은 수준의 합의점을 찾을 수밖에 없으므로 이 활동은 공유 경험을 만들 뿐 아니라 팀에 대한 본보기와 경고 역할까지 하게 된다.

이 활동을 마치고 나면 최종 혜택을 드러내는 것은 간단하다. 최종 혜택은 '명예의 벽'에 적힌 팀은 모방하고, '수치의 벽'에 적힌 함정은 피하는 것이다.

그다음은 문제 정의를 중심으로 본문을 구성하고, 대안 및 반대 의견 탐색을 진행한다. 다음은 예시다.

- 팀이 수행해야 하는 작업은 무엇인가?
- 이를 달성할 방법에는 어떤 것이 있으며, 그중에서 우리는 어떤 방법을 선호할까?
- 우리가 선호하는 선택이 제공됐을 때, 어떤 장애물에 부딪힐 수 있으며 이를 어떻게 해결할 수 있을까?

이 같은 활동은 추상적인 영역에 머물기 쉽다. 따라서 실제 사람과 도구, 절차, 회의 및 보고서가 어떻게 관련돼 있는지 알아보는 실제 단계를 추가함으로써 아이디어 테스트를 진행, 그것이 실행 가능한지 확인한다.

위 연습은 '전진형'과 '회피형' 참석자 모두를 만족시킬 수 있는 최고의 방법이다. '명예의 벽'에 어떻게 공감했으며, '수치의 벽'은 어떻게 피했는지 확인한다.

아이디어 창출 세션

주지하건대, 어색한 분위기를 깨고 사람들의 창의성을 끌어내기 위해 엉뚱한 활동을 하는 것보다는 모두에게 쉬운 사전과제를 내주고 이에 대해 어느 정도 합의한 상태에서 출발하는 게 낫다. 고도의 창의성과 관련한 업무와의 관련성은 상관없음 프로그램을 접한 후 3분 정도로 요약해 그룹과 공유하게 한다.

모두가 모든 내용에 동의하지는 않겠지만, 훌륭한 아이디어가 어떤 것인지에 대해 많은 부분에서 폭넓은 공감대를 형성할 수 있을 것이다. 이것이 곧 경험 공유로 이어진다.

그날의 목표, 즉 그룹의 최종 혜택을 명확히 한다. 끝내고 싶은 부분과 그럴 필요가 없는 부분을 명확히 하는 것이다. 지침은 매우 구체적이어야 한다. 종착지에서 완성된 아이디어가 나와야 한다면 그렇게 말하자. 하지만 현실적으로 많은 과정을 거친 후에도 마무리 작업이 좀 더 필요할 것으로 예상된다면, 이 또한 그렇게 말하자. 당신이 어떤 방향으로 이끌고 있는지, 얼마나 멀리 갈 것으로 생각하고 있는지 모두가 알 수 있도록 분명히 해두자.

그다음은 문제 정의 단계다. 아이디어를 짜내 극복해야 할 문제를 명확히 한다. 이후에는 대안 및 반대 의견을 탐색한다. 하나가 아닌 여러 가지 대안을 생각해내는 것이다. 각 대안이 어떻게 작동할지 살펴보고, 무엇이 잘못될 수 있는지 그리고 이를 어떻게 해결할 수 있는지 알아본다.

인원이 충분하다면 세 그룹으로 나누어 돌아가면서 작업을 진행한다.

단계	그룹1	그룹2	그룹3
1	A1, A2, A3 아이디어 생성	B1, B2, B3 아이디어 생성	C1, C2, C3 아이디어 생성
2	C1, C2, C3 아이디어가 어떻게 실행될 수 있는지 제시	A1, A2, A3 아이디어가 어떻게 실행될 수 있는지 제시	B1, B2, B3 아이디어가 어떻게 실행될 수 있는지 제시
3	B1, B2, B3 아이디어가 초래할 문제와 함께 이에 관한 극복 방안 탐색	C1, C2, C3 아이디어가 초래할 문제와 함께 이에 관한 극복 방안 탐색	A1, A2, A3 아이디어가 초래할 문제와 함께 이에 관한 극복 방안 탐색

현실 제시 단계에서는 각 그룹이 도출한 아이디어가 일반 고객이나 공급업체, 또는 관련 부서에 어떤 영향을 미칠지 탐구한다. 아이디어가 얼마나 실용적인지 살펴보는 것이다.

마지막으로 그룹 전체가 모여 최종 도출안을 살펴보고, 각 아이디어의 순위를 매겨 혁신성과 창의성, 그리고 실제 업무에 적용할 수 있는 현실성이 결합한 아이디어를 찾는다.

이번 장에서 소개한 예시만 보더라도 스토리텔러의 사고방식을 개발해 SUPERB를 활용하면, 다양한 유형의 글쓰기에 도움이 되고, 나아가 직장에서의 여러 상황을 개선할 수 있다는 사실을 확인했다. 그렇다면 정기적으로 직면하는 업무 상황에서, 특히 성과를 개선할 잠재력이 있는 상황에서 이를 어떻게 적용할 수 있을지 생각해보자.

어떻게 적용해야 할지 모르겠다면, 항상 근본적인 관점의 전환부터 시작해보자. '나에 관한 것이 아니다. 내가 주인공이 아니다.' 내가 더 이상 우주의 중심이 아니라면, 상황이 어떻게 달라질지 생각하면서 각 상황을 다시 바라본다. 어떻게 다르게 행동하고 소통할 것인가? 이 간단한 변화가 가져올 차이에 놀랄 것이다.

8장

감정적 여정: 청중을 사로잡아라

수염이 덥수룩한 남자가 반쯤 폐허가 된, 그러나 여전히 웅장한 건물 안으로 걸어 들어간다. 수갑을 찬 그는 간수의 안내를 받고 있다. 남자는 형을 선고받기 위해 이곳에 왔다. 경멸에 찬 간수의 표정에서 그의 형이 가혹할 것임이 짐작된다.

두 사람은 함께 앉아 있는 한 무리에게 다가간다. 덥수룩한 수염은 남자의 오랜 감옥 생활을 말해준다. 그가 다가가는 무리의 모습은 특권과 권력을 나타낸다. 높은 가림막이 뜨거운 태양으로부터 그들을 보호하고 있다.

놀랍게도 간수의 혐오감을 불러일으키는 건 절차를 통제하는 수염 난 남자다. 그는 일장 연설에 들어간다. 티리온 라니스터라는 이름의 이 남자는 단결에 대해 말하기 시작한다.

"무엇이 사람들을 하나로 묶는가?" 그가 묻는다. "군대? 금?

깃발?" 누구도 대답하지 않는다. 그러나 우리가 그들에 대해 알고 있는 모든 것, 그리고 그들이 통치하는 땅의 역사를 고려할 때 이 질문에 대한 그들의 대답이 무엇일지 짐작할 수 있다. "위 가운데 어느 것도 아니다."

그렇다면 사람들을 하나로 묶는 건 무엇일까? 티리온은 자신의 질문에 스스로 답한다.

"스토리! 세상에 좋은 스토리보다 더 강력한 건 없다. 그 무엇도 스토리를 막진 못한다. 어떤 적도 그것을 이길 순 없다."

티리온은 칠 왕국Seven Kingdoms의 새로운 통치자는 강력한 군대를 가진 사람도, 탁월한 외교술을 가진 사람도 아닌 최고의 스토리를 가진 사람이어야 한다고 주장할 정도로 스토리의 힘을 확고하게 믿는다. 높은 탑에서 떨어졌다가 살아난 소년 브랜 더 브로큰보다 멋진 스토리를 가진 사람이 있을까? 사고 후 그는 다시 걸을 수 없다는 걸 알았다. 그래서 비행을 배웠다. 요컨대, 그는 모든 스토리의 수호자다. 우리에게 꿈과 희망을 주기에 이보다 더 좋은 사람이 있을까?

총 8개의 시즌으로 구성된 〈왕좌의 게임〉은 각종 음모와 술수, 전쟁과 파괴로 가득하다. 그 가운데 결국 최고의 스토리가 승리하는 결말을 보여준다.

티리온은 스토리텔링의 힘이 정서적 유대감을 형성하는 데 있음을 알고 있었다. 스토리는 사람들을 하나로 모은다. 그리고 통합한다.

스토리텔링을 구조, 즉 내러티브 흐름의 관점에서 볼 수 있듯, 감정적 여정의 관점에서도 볼 수 있다. 스토리텔러가 청중을 사로잡아 단단히 연결된 후 그 상태를 유지하는 것이다.

스토리텔러는 청중을 감정적 여정으로 이끌어야 하며, 대부분 이 여정의 종착점은 서로 간의 합의점이다. 이것은 양쪽 모두가 원하는 결과로 명백한 또는 암묵적인 결정이 내려지거나 특정 행동 변화가 일어나길 기대한다. 청중이 이전에는 하지 않았던 행동이나 생각을 하고 감정을 느끼길 원한다. 새로운 행동을 시작하거나 특정 행동을 멈추거나 적어도 어떤 식으로든 기존 행동을 수정하길 바란다.

사교적인 능력은 사람들이 설사 뭔가를 잘못해도 자존심 상하지 않고 고백할 수 있는 길을 열어준다. 이와 마찬가지로 직장 내 스토리텔링은 사람들이 원하는 곳으로 갈 수 있는 길을 만든다. 모든 결정은 논리적 근거가 아닌 감정적 이유로 내려진다는 점을 기억하자. 그리고 청중을 대상으로 시작하는 이 여정 역시 감정적 여정이라는 점을 염두에 두어야 한다.

이번 장에서는 감정적 여정이 유발하는 정서적 효과에 대해 자세히 살펴보려고 한다. 이후 스토리텔링 구조를 사용하는 데 능숙해지면, 이를 바탕으로 즉흥적으로 이야기를 전개할 수 있고, 의사소통의 적절한 단계에서 동일한 감정적 효과를 내는 다른 요소를 도입할 수도 있다.

이와 함께 인간의 동기와 관련해 다양한 연구 분야에서 도출된 8가지 기본적인 인간의 정서적 욕구에 초점을 맞출 것이다. 해당 연구는 진화심리학, 자기결정 이론, 애착 이론, 거래 분석 및 신경 언어 프로그래밍 등을 포함한다.

그렇다고 이들 학문이나 이론에 대해 자세히 알 필요는 없다. 여기서 중요한 것은, 이들 욕구가 실제로 작동한다는 것이다.

이 8가지 욕구는 청중이 결론을 내리기 위해 가장 기본적으로 충족되어야 하는 정서적 욕구다. 예를 들면 다음과 같다.

- "회의가 잘 끝났네."
- "방금 들은 내용에 동의해."
- "그 아이디어는 확실히 추구할 가치가 있어."
- "저 사람과 함께 일하고 싶다."

다른 관점에서 보면, 이 같은 8가지 감정적 욕구가 충족되지 않으면 커뮤니케이션이 제대로 끝나지 못하거나 적어도 합의가 이루어지지 않은 상태로 끝날 가능성이 크다. 8가지 욕구는 다음과 같다.

1. 공감에 대한 욕구
2. 정서적 연결에 대한 욕구
3. 구조화에 대한 욕구
4. 인정에 대한 욕구

5. 소유권에 대한 욕구

6. 자극에 대한 욕구

7. 안전에 대한 욕구

8. 지원에 대한 욕구

공감에 대한 욕구부터 살펴보자. 여기에는 꽤 많은 시간이 할애될 것이다. 얼핏 불균형해 보일 수 있지만, 이는 공감이 이루어지지 않고는 나머지 어떤 것도 효과가 없기 때문이며, 가장 자주 간과되는 욕구이기 때문이다.

공감에 대한 욕구

청중의 위치에서 시작하기

어떤 커뮤니케이션이든 '청중의 위치'에서 시작하는 것은 중요하다. 이는 보통 당면한 주제에 대해 청중이 가진 지식 수준을 반영해 커뮤니케이션을 시작해야 한다는 의미로 해석된다.

이 같은 해석은 '청중의 위치'가 의미하는 한 가지 측면이다. 그러나 '청중의 위치'를 주제와의 관계 측면에서 바라보는 것도 중요하다. 따라서 기후 변화와 관련해 활동가 그룹을 대상으로 프레젠테이션을 하는 경우, 기후 변화 자체를 증명하는 데이터를 보여주는 것으로 시작할 필요는 없다. 그들은 이미 그 내용을 잘 알고 있기 때문이다. 또 최고재무책임자CFO에게 회사의 지속 가능성 전략에 대해 프레젠테이션하는 경우, CFO는 지속 가능한 행동의 옳고 그름에 대한 것만큼 비용과 재정적 이익에 대해 알고 싶어 할 것이다.

이보다 한 걸음 더 나아가 '청중의 위치'를 정의할 수 있다. 감정적인 부분에서 진정으로 청중의 위치에서 시작하는 것이다.

이와 관련해 1세기 철학자 필로는 다음과 같은 말을 남겼다.

> 당신이 만나는 모든 사람은 보이지 않는 싸움을 하고 있다. 그러니 친절하게 대하라.

이 말은 의심할 여지가 없다. 완벽한 사실이다. 그러나 필자는 이것만으로 충분하지 않다고 생각한다. 나는 이 말을 이렇게 고쳐서 쓰고 싶다.

> 당신이 만나는 모든 사람은 보이지 않는 수많은 싸움을 하고 있다. 그러니 친절하게 대하라.

이러한 기본적인 문제/해결, 도전/해결이라는 스토리텔링의 역학 관계는 우리가 삶을 바라보는 방식을 그대로 반영한다. 우리의 삶은 우리가 가고자 하는 곳, 그곳에 도달하는 것을 가로

막는 요소, 그리고 그런 난관을 극복하는 과정이 평행선에서 계속되는 스토리로 볼 수 있다.

이런 기본적인 스토리텔링 형태는 가령, 날마다 작성하는 '해야 할 일' 목록에도 존재한다. 이 목록에 있는 모든 일을 며칠에 한 번이나 완료하는가? 대부분 사람과 비슷하다면 완료하는 날은 거의 없을 것이다. 우리의 하루는 스토리 형태를 띠고 있다. 그 스토리는 이런 퀘스트를 완수하기 위한 탐색, 퀘스트 달성을 점점 더 어렵게 만드는 일련의 난관, 그리고 이 난관을 극복하기 위한 용감한 시도로 구성된다.

우리의 삶에는 수많은 스토리가 존재한다. 원하는 모습대로 흘러가지 않은 삶의 스토리도 많을 것이다. 그래서 특정 목표를 달성하거나 삶의 균형을 회복하기 위한 퀘스트 탐색을 시작했을 수 있다. 각 스토리에는 한 가지 이상의 싸움을 포함한다. 이러한 싸움은 다음과 같은 것일 수 있다. 하지만 이에 국한되지는 않는다.

돈과의 싸움. 각종 공과금 납부에서부터 아파트 보증금 마련, 주택담보대출금 상환, 노부모 부양, 은퇴자금 마련 등에 어려움을 겪고 있을 수 있다. 돈과의 싸움은 거의 늘 벌어진다.

원가족과의 싸움. 가족마다 싸움의 형태는 다르지만, 대부분 비슷한 특징을 보인다. 집을 떠나고 수년이 지나도 부모님과의 싸움은 계속되곤 한다. 부모님이 우리를 바라봐주기를 원하는 방식과 실제로 부모님이 바라보는 방식은 다를 수 있다. 자신을 여전히 어린아이 취급하며 어른으로 대해주지 않는 형제자매와 싸우기도 한다.

　가족과의 싸움. 자녀와 계속 싸우고 있을 수 있다. 자녀에게 기대하는 행동과 자녀가 실제로 하는 행동이 다르기 때문이다. 부모가 자녀에게 전해주고 싶은 세계관이 있는데 자녀는 전혀 관심이 없다. 부부간에도 사소한 다툼이 계속돼 가족관계 전체가 소모전을 하고 있는 듯 느껴진다.

　시간과의 싸움. 정말 하고 싶은 일, 더 오랫동안 하고 싶은 일이 있는데 시간이 없어서 못 하는 경우가 있다. 실제로 정말 많을 것이다. 이런 일을 모아보면 크게 하나의 범주로 묶일 것이다.

　일과의 싸움. 일과 싸우는 건 한 번에 그치지 않는다. 한 번에 여러 개의 업무와 싸우기도 한다. 고객과의 싸움이 여러 개 진행 중일 수도 있다. 상사나 팀원과 다툼이 생기기도 한다. 이런 모든 관계가 늘 우리가 원하는 방식대로 흘러가지 않는다. 그래서 우리는 원하는 상태로 만들기 위해 싸운다. 그리고 그 싸움이 끝이 없어 보인다.

　이 외에 신체적·정신적 건강과 싸우는 사람도 있다. 이 경우 엄청난 시간과 돈, 자원이 소모된다. 소음 문제로 이웃과 다툼이 발생하기도 하고, 시의회나 세무 당국과 싸우기도 한다.

직장에서 누군가와 커뮤니케이션을 할 때 진정으로 '청중의 위치'에서 시작하려면, 이 모든 싸움이 현재 그들의 감정 상태를 어떻게 형성하고 있는지, 무엇이 그들을 지배하고 있는지, 그들에게 정말 중요한 것이 무엇인지 이해해야 한다.

청중의 하루에서 가장 중요한 것은 당신이 아니다. 그들이 가장 신경 쓰는 존재도 당신이 아니다. 당신은 그들 우주의 중심에 있지 않다. 진정으로 '청중의 위치'에서 시작하려면, 이 사실을 인정하고 받아들여야 한다. 이 사실을 커뮤니케이션의 모든 측면에 적용해야 한다.

발표자인 당신이 회의실에서 가장 중요한 사람인 것처럼 말하거나 행동한다면, 혹은 상대방의 관심이 당신에게 집중된 것처럼 말한다면, 커뮤니케이션의 성공 확률은 매우 낮다.

스토리텔러의 질문

좀 더 깊이 들어가 보자. 당신의 중요성이 낮다는 걸 인정하는 대신 진정으로 청중의 위치에서 시작해보면 어떨까? 물론 가능하다. 청중이 벌이고 있는 싸움에 집중하면 된다. 청중의 안건에 더 관심이 있음을 보여주는 것이다.

이와 관련해 자기 계발의 선구자인 데일 카네기는 이렇게 말했다. "다른 사람이 나에게 관심을 갖도록 하는 데 2년이 걸린다고 할 때 내가 다른 사람에게 관심을 가지면 2개월 안에 훨씬 더 많은 친구를 사귈 수 있다." 마찬가지로 회의 자리에서 자신에 대해 1시간 동안 말하는 것보다 상대방에게 5분간만 관심을 가지면 더 큰 진전을 이룰 수 있다.

요컨대, 자존심을 내려놓고 상대방의 욕구와 필요를 자신의 것보다 우선시하는 법을 배워야 한다. 상대방이 말을 멈출 때까지 기다렸다가 내가 하고 싶은 말을 하는 게 아니라 상대방의 말을 경청하며 대화하는 자세가 필요하다.

'작은 두개골의 왕국'에서 벗어나야 한다. 말을 하는 것만큼이나 듣는 것에 관심이 많은 스토리텔러는 본인의 스토리를 말하기에 앞서 상대방의 스토리를 물어봐야 한다. 과연 어떻게 하면 우주의 중심에서 물러날 수 있을까?

필자는 그 방법을 음악 전문 기자로 활동할 때 터득했다.

취재하러 갈 때면 종종 다른 기자들과 호텔 로비나 카페, 바에서 함께 모이곤 했다. 그럼 최근에 인터뷰했거나 인터뷰를 준비 중인 음악가, 혹은 만난 적이 있는 음악가에 관한 이야기를 나누었다. 시간이 여유로운 날에는 인터뷰 이론에 관한 좀 더 일반적인 이론을 다루기도 했다. 이를테면, 인터뷰 대상자와 함께 할 수 있는 제한된 시간을 가장 효율적으로 사용하는 방법, 혹은 음악가나 유명인이 구축한 심리적 장벽을 짧은 시간 안에 돌파하는 방법 등에 관한 이야기였다.

그러다가 한 번은, 완벽한 질문 하나로 인터뷰를 시작하면 나머지 인터뷰가 더할 나위 없이 순조롭게 진행된다는 의견이 등장했다. 대화가 진행되며 의견은, 첫 질문만 제대로 하면 더 이상의 질문은 필요 없다는 생각으로 발전했다. 사실상 하나의 질문으로 모든 것을 풀어갈 수 있는 셈이다. 이 질문을 던지면 인터뷰 주제에 대한 답변이 연쇄적으로 이어져 기자는 간혹 아주 간단한 추임새만 넣으면 된다.

이 의견을 다른 기자들이 얼마나 진지하게 받아들였는지는 알 수 없지만, 필자를 포함한 일부 기자는 매우 진지하게 받아들였다. 우리는 처음 한두 가지 질문의 효과를 테스트하고, 그 질문이 나머지 인터뷰에 어떤 영향을 미치는지 주시했다. 그리고 결국 모든 것을 여는 한 가지 질문을 생각해냈다.

오늘 하루는 어때요?

정말 간단한 질문이지 않은가? 아주 쉽고 자연스럽게 대화를 이어갈 수 있는 질문이다. 하지만 정확하게 표현하는 것이 중요하다.

다음과 같이 변형된 질문은 효과가 없다.

- 어떻게 지내세요?
- 잘 지내시죠?
- 요즘 잘 지내세요?

- 잘 지내고 있어요?
- 별일 없죠?

반드시 '오늘 하루는 어때요?'라고 물어야 한다.

필자의 경험상 이 질문으로 시작한 인터뷰는 대부분 순조롭게 진행되었고, 대화의 깊이도 깊었다. 상대방도 완전히 마음을 열고 인터뷰에 응한다는 느낌을 받았다. 피상적인 대화를 넘어 그들의 삶과 그들이 직면하고 있는 여러 가지 난관에 대해 진솔한 대화를 나눌 수 있었다.

그래서 이 질문을 비즈니스 커뮤니케이션에 적용해보았다. 그 결과 회의를 시작할 때나 일상적인 대화를 시작할 때 공감대를 형성하는 장치로 똑같이 효과적이라는 사실을 알게 되었다.

여기서 중요한 점은, 상대방의 스토리에 먼저 관심을 가지면 오히려 내 스토리에 더 힘이 실린다는 것이다.

결정적으로 '오늘 하루 어때요?'라고 질문할 때는 그저 말뿐인 인사가 아닌 상대방의 하루가 어떻게 돌아가고 있는지 궁금해하며 진정성 있게 물어봐야 한다는 점이다. 이러한 태도, 즉 스토리텔러의 사고방식을 갖는 것은 제대로 질문하는 것만큼이나 중요하다.

일상적인 인사로 질문한다면, 상대방은 '괜찮아요'라고 대답할 것이다. 하지만 상대방의 하루가 정말 궁금해서 하는 질문이라면, 앞서 언급한 싸움 중 하나를 암시하는 답변이 나올 것이다. 힌트는 그들이 말하는 단어에서 나올 수도 있고, 눈을 굴리거나 한숨을 쉬거나 어깨를 으쓱하는 행동에서 나올 수도 있다.

포착되는 힌트, 이때 반응은 다음과 같다.

- 저 표정은 뭘까?
- 너무 크게 한숨을 쉬네!
- 좀 더 자세히 말해보지….
- 아무 말도 안 하네.

그럼 몇 초 안에 상대방은 자신이 치르고 있는 주요 싸움 중 하나에 대해 말할 것이다.

통제력 상실

물론 이런 질문으로 회의를 시작하는 것에 대해 다음과 같은 이의제기가 있을 수 있다.

1. 그런 잡담을 할 시간이 없다.
2. 회의 참석자 수가 너무 많다.
3. 회의 주도권을 잃게 될 것이다.

대부분 업무 회의는 시간이 제한돼 있고, 늘 시간이 부족한 건 사실이다. 하지만 공감대를 형성하는 데 쓰이는 시간은 결코 낭비되지 않는다.

대부분 회의 시간에는 사람들이 자리에 앉고, 커피를 내리고, 기술적인 부분을 세팅하고, 여기에 문제가 생기면 IT 담당자에게 전화를 걸어 물어보고, 이메일을 마무리하고, 간단한 음성 메시지를 남기는 등의 시간이 모두 포함된다.

많은 사람이 이 시간을 죽은 시간처럼 여기지만, 이때는 '오늘 하루 어때요?'라는 간단한 질문을 할 수 있는 좋은 기회다.

회의실에 다른 사람이 있다는 건 중요하지 않다. 당신은 한 사람과 대화하는 것이다. 가장 높은 직위의 사람과 이야기할 수도 있고, 바로 옆에 앉은 사람과 이야기할 수도 있다. 중요한 것은 청중 한 사람과 당신에 관한 이야기가 아닌 청중에 관한 이야기를 한다는 데 있다.

그럼 상대방은 세부적인 내용까지는 아니더라도 자신이 싸우고 있는 여러 가지 상황에 관한 이야기를 공유한다. 이렇게 되면 다른 사람들도 대화에 참여할 가능성이 크다.

'회의 주도권 상실' 문제는 사람들이 가장 걱정하는 부분이다. 물론 당신도 회의 주도권을 잃고 싶지는 않을 것이다. 흔히 '작은 두개골 왕국'을 벗어난다는 것은 주도권을 포기한다는 뜻으로 받아들여진다. 그러나 청중이 원하는 방향으로 가는 건 전혀 문제가 되지 않는다. 물론 당신이 신중하게 마련한 안건에 대한 주도권을 잃을 수도 있다. 슬라이드별 할애 시간에 대한 통제권도 잃을 수 있다. 하지만 상대방이 원하는 감정적 여정에 대한 주도권을 잃은 건 아니다. 오히려 그 반대다. 당신은 매우 강력한 감정적 여정을 시작한 것이다.

'오늘 하루 어때요?'라는 질문에 '네, 좋아요'라고 대답한 뒤 '바로 본론으로 들어갑시다'라고 말하는 사람이 분명 있을 것이다.

하지만 걱정하지 말자. 그들은 일상 속 자신의 싸움을 공유하지는 않았지만, '좋아요'라는 대답으로 질문을 받아들였고, 그들만의 차분한 방식으로 어느 정도 공감한 셈이니 말이다.

공감대를 형성했으면, 계속해서 유지하자

초반에 공감대를 형성하는 것이 중요하지만, 사실 이것은 모든 커뮤니케이션의 모든 단계에서 도움이 된다. 우리는 청중이 대체로 공감하고 있다는 점을 주기적으로 알아차리고 싶어 한다. 회의 과정에서 동의하는 부분이 많을수록 최종 결론이나 권장 사항에도 동의할 가능성이 커진다. 가능하면 서면 의사소통을 통해 공유 경험을 좀 더 적극적으로 활용하고, '동조를 호소하는 질문' 기반의 구두 의사소통으로 청중과 정기적으로 소통하며 공감대를 유지한다.

형성된 공감대를 유지하는 것, 의외로 이 과정을 잊어버리기 쉽다. 스토리텔링 구조에서 이를 확실하게 유지할 수 있는 방법을 찾아보자. 예를 들어, 공유 경험이나 '동조를 호소하는 질문'을 프레젠테이션 전반에서 주기적으로 탐색할 수 있다. 특정 안건에 대해 핵심 내용이 바뀔 때마다 '동조를 호소하는 질문'을 사용하는 것이다. 이를테면 이런 식이다.

- "우리 한 사람 한 사람 모두 자기소개를 진행했습니다. 그렇죠?"
- "자, 모두 보셨죠? 내년에는 자동화가 비즈니스의 우선순위가 될 것이라는 주장에는 이미 많은 증거가 있습니다."
- "판매 데이터가 확실히 보여주네요. 그렇죠? 새로운 경쟁자의 등장으로 시장은 심각한 혼란에 빠져 있어요."

이 기법을 사용하는 데 자신감이 붙거나 청중의 분위기와 사고방식을 어느 정도 확신할 수 있게 되면, '동조를 호소하는 질문'을 넘어 실질적인 대답이 필요한 질문으로 넘어가자. 그리고 '네'라는 대답이 나올 때까지 잠시 멈춰서 기다리자.

- "오늘 참석자분들은 모두 서로 잘 아는 사이라고 알고 있는데, 맞습니까?"
- "이 부분에 대해 충분히 설명된 것 같나요? 다음 주제로 넘어가도 될까요?"

'동조를 호소하는 질문'에는 굳이 말로 대답하거나 고개를 끄덕이는 반응까진 필요 없다. 그저 당신이 얻고자 하는 내부적합의만 일어나면 된다. 하지만 고개를 끄덕이거나 '네'라는 대답이 나왔다면, 훨씬 더 강력한 수준의 공감대를 형성한 것으로 볼 수 있다.

커뮤니케이션의 전환점에서 이런 질문을 미리 계획해 사용하면, 청중의 의식적인 동조를 주기적으로 확보할 수 있다.

몇 번이고 동의를 표시한 청중이 최종 결론이나 권장 사항에 반대하긴 어려울 것이다. 이제 당신은 그들이 동조하는 사람, 청중의 생각을 반영하는 사람, 청중과 의견을 공유하는 사람이 되었다.

정서적 연결에 대한 욕구

스토리텔링 구조는 혜택만 내세우는 기존의 단도직입적인 커뮤니케이션으로는 결코 달성할 수 없는 청중과의 정서적 연결을 제공한다. 스토리텔링 헤드라인을 사용하면 스토리텔링 언어로 말하는 데 집중함으로써 단순히 주장만 내세울 때 발생하는 심리적 마찰을 줄일 수 있다.

스토리텔링 언어를 계속해서 사용하면 정서적 유대감이 깊어진다. 이를테면, 늘 평범한 언어를 사용하고 비즈니스 전문용어와 약어는 피하는 식이다. 누구나 잘 아는 사내 전문용어는 한 번쯤 사용하고 싶은 유혹이 있을 수 있다. 이는 친밀감의 표시로 느껴져 그런 충동은 더욱 커진다.

하지만 안타깝게도 누구나 잘 알고 있는 전문용어라고 해도 스토리텔링 시도를 방해할 수 있다. 따라서 전문용어 사용은 최대한 배제하고, 일상 언어에 가깝게 표현하는 것이 좋다. 다음은 대표적인 사례다.

- 3분기와 4분기보다는 하반기가 낫다.
- KPI 100% 달성보다 목표 모두 달성이 낫다.
- '오프라인으로 가져가 보자' 보다 '나중에 이야기해보자'가 낫다.

프레젠테이션에서 문제/해결, 도전/해결 구조처럼 두 부분으로 구성된 문장을 사용하면 스토리텔링의 특성을 더욱 살릴 수 있다. 단, 과용은 금물이다. 결정적인 순간에 신중하게 사용하면 감정적 효과를 높인다. 예를 들면 다음과 같다.

- "우리가 지금까지 이야기한 어떤 것도 실행을 제대로 하지 않으면 전혀 효과가 없을 겁니다."
- "이 주제에 관해서는 가짜뉴스나 거짓말, 잘못된 정보가 매우 많지만, 우리가 붙잡을 수 있는 변치 않는 진실도 하나 있습니다."
- "일부 기업은 이 문제에 대한 해결책을 찾기 위해 수년간

헛된 노력을 기울입니다. 하지만 해답은 여러분 회사 안에 있으며, 그 해답을 찾는 데 저희가 도움을 드릴 수 있습니다."
- "우리는 이전에도 같은 길을 걸어왔고, 그 길은 우리를 잘못된 길로 안내했습니다. 하지만 이번에는 다를 것입니다."

긴장감을 조성하고 불확실성을 언급했다가 곧바로 해소하는 이 같은 구조는 전형적인 스토리텔링 전술이다. 중요한 전환점에서 이 장치를 활용하면, 스토리텔러로서 역할을 명확하게 정립하고 청중과의 정서적 연결 상태를 유지할 수 있다.

구조화에 대한 욕구

커뮤니케이션에 명확한 안건과 구조가 있으면 청중을 더 편안하게 만들 수 있다.

이번 장에서 살펴본 것처럼 청중은 당신이 정한 안건이나 구조에서 언제든지 벗어날 수 있다. 이것은 그들의 특권으로 적절한 범위 안에서 그들이 원하는 대로 따라갈 준비가 되어 있어야 한다. 하지만 언제든지 돌아갈 수 있는 구조가 있어야 한다. 이는 상당한 안정감과 편안함을 제공한다.

예를 들어, 파워포인트로 명확한 안건과 구조를 제시할 수 있다. 안건 슬라이드는 명확하게 그리고 시각적으로 다른 슬라이드와 구별되게 만든다. 우선 전체적인 안건을 한눈에 확인할 수 있도록 구성하고, 다음 주제로 넘어가기 전에 방금 언급한 주제를 정리한다. 이렇게 하면 단순히 다음 주제를 안내하는 것에서 그치지 않고 스토리의 인과관계를 강조할 수 있다. 집중력이 흐트러진 청중에게 명확한 신호를 보내 다시 여정을 이어갈 기회를 제공한다.

나머지 슬라이드는 주제나 유형별로 색상을 다르게 지정해 청중이 스토리의 어느 지점에 있는지 확인할 수 있도록 한다. 사람들이 파워포인트와 관련해 저지르는 가장 큰 실수 중 하나는 모든 슬라이드를 하나의 템플릿에 맞춰 만드는 것이다. 어느 정도 일관성을 유지하는 건 좋지만, 모든 슬라이드가 예외 없이 같은 모습이라면 오히려 혼란을 초래할 수 있다.

슬라이드에 유튜브 동영상 하단에 표시되는 것과 같은 방식으로 프레젠테이션의 진행률을 알 수 있는 진행 표시줄을 사용해보자. 이렇게 하면 얼마나 진행되었는지, 앞으로 얼마나 남았는지 분명히 알 수 있다. 확실한 구조를 수립하면, 내성적이거나 수줍음이 많은 사람도 다른 사람의 이름을 잊어버리거나 무슨 말을 해야 할지 몰라 당황하는 법 없이 자연스레 대화를 나눌 수 있다.

인정 및 소유권에 대한 욕구

이 두 가지 욕구를 충족하는 데 사용되는 기술은 매우 유사하고 상호보완적이므로 함께 살펴보도록 하자. 인정의 욕구는 전체 스토리의 틀을 구성하는 아이디어, 즉 내가 아닌 청중이 스토리의 주인공이라는 생각과 관련돼 있다.

청중에 관한 스토리를 만드는 것에서 나아가 청중이 스토리에 참여함으로써 그것이 자신의 스토리라는 점을 깊이 느낄 수 있도록 해야 한다. 이렇게 하면 청중은 수동적으로 앉아서 스토리를 듣는 것이 아니라 당신과 함께 공동 창작하는 발견의 영역으로 들어서게 된다.

이 강점은 캘리포니아대학교 데이비스 캠퍼스의 킴벌리 엘스바흐, 스탠포드대학교의 로더릭 크라이머가 수행한 연구를 통해 확인되었다. 두 사람은 6년간 할리우드에서 진행된 프레젠테이션을 연구했다. 이 연구에서 가장 중요한 발견은, 프레젠테이션의 성공 여부는 청중(주로 스튜디오 경영진)의 기여도에 크게 좌우된다는 사실이었다. 대부분 작가는 프레젠테이션 청중인 스튜디오 경영진을 '정장 차림의 꼰대'라고 생각하며 그들의 의견은 무시해도 된다고 여긴다. 하지만 창작 과정에 스튜디오 경영진을 참여시켜 직접 기여할 기회를 제공한 작가들은 아이디어를 판매하는 데 훨씬 성공적인 것으로 나타났다.

이에 대해 엘스바흐는 다음과 같이 말했다. "청중이 자신을 공동 작업자로 느끼면 작가의 아이디어를 거절할 확률이 줄어든다. 제안서에서 기꺼이 양보할 수 있는 부분을 찾아내 청중이 직접 의견을 내도록 초대해보자."

『파는 것이 인간이다To Sell Is Human』의 저자 다니엘 핑크 역시 책에서 비슷한 조언을 건넸다. "프레젠테이션의 목적은 청중이 즉각적으로 움직여 내 아이디어를 채택하도록 하는 데 있지 않다. 그 목적은, 자연스러운 대화로 시작해 청중을 참여자로 초대함으로써 결국 양쪽 모두가 만족할 만한 결과에 도달하는 데 있다."

여기서 당면할 수 있는 한 가지 문제는, 청중이 자신의 역할을 그저 앉아서 듣는 것으로 생각할 수 있다는 점이다. 그렇다면 청중을 어떻게 협업으로 초대할 수 있을까? 가장 간단한 방법은 제안할 내용 가운데 어느 정도 여지가 있는 부분을 파악한 다음, 그것을 완전한 아이디어로 소개하는 것이 아니라 얼마든지 수정할 수 있는 대안으로 소개하는 것이다.

"이것이 여러분께 적합할지 모르겠지만, 여러분의 의견을 듣고 싶습니다." 같은 문장이면 청중으로부터 유용한 피드백을 끌어내기에 충분하다. 청중의 관심을 끌지 못할 거라는 표현은 오히려 청중의 흥미를 돋울 수 있다. 그래서 청중은 위 문장을 본래의 뜻 대신 '매우 흥미로울 수 있다.'라는 뜻으로 해석할 수 있다.

자, 이제 청중은 공동 작업자로 올라섰다. 설령 청중이 "이

대로는 안 될 것 같네요."라고 말하더라도 이미 발견의 과정은 시작되었다. 청중은 인정의 욕구와 소유권의 욕구를 모두 충족한 셈이다.

이처럼 청중의 인정과 소유권 욕구를 모두 충족해주고 나면, 일부 사람은 발표자의 지위가 낮아질 것에 대해 우려한다. 하지만 실제로 다른 사람이 의견을 내도록 초대하고, 그들의 의견이 자신의 의견보다 더 중요할 수 있다고 인정하는 것은 발표자에 대한 청중의 존중감을 배가시킨다.

마케팅의 대가로 알려진 펜실베니아대학교 와튼스쿨의 조나 버거 교수는 이러한 현상에 대해 다음과 같이 설명한다.

> 조언을 구하는 것은 우리를 나쁘게 보이게 하기는커녕 오히려 좋게 보이게 한다. 인간은 자기중심적이므로 누군가 자신에게 조언을 구하면 그 사람을 똑똑하고 유능하게 바라본다. 우리는 태생적으로 조언하는 것을 즐기며, 자신이 적합한 조언을 한다고 느끼고, 스스로 똑똑하고 훌륭한 생각을 한다고 여기기 때문이다. 그래서 누군가 우리에게 다가와 조언을 구하면 '와, 다른 사람에게 물어볼 수도 있었는데 내게 묻는 걸 보니 이 사람 꽤 똑똑하겠구나.'라고 생각하는 것이다.

자극에 대한 욕구

회의실에 앉아 프레젠테이션을 듣거나 장시간 긴 문서를 읽는 건 지루한 일이다. 집중해야 할 주제임을 알고 있어도, 발표자나 작성자가 유능한 사람이어도 청중의 주의는 산만하게 된다.

우리 인간에게는 자극이 필요하다. 일반적인 업무 회의나 문서가 제공하는 것보다 훨씬 더 많은 자극이 필요하다. 자극을 주면 사람들의 관심을 끌기가 더 쉬워진다. 예를 들어, 프레젠테이션에서는 프레젠테이션 방식을 바꾸거나 회의실 내 물건을 사용해 추가적인 자극을 줄 수 있다.

청중이 새로운 슬라이드에 집중하는 시간은 약 5초에 불과하다. 따라서 슬라이드별 요점을 정확히 나타내고, 프레젠테이션이 진행될수록 스토리의 핵심 정보가 명확히 보이도록 한다.

비즈니스 업계에는 슬라이드 한 장당 '1분'이면 충분하고, 슬라이드 수를 세어 프레젠테이션의 전체 시간을 예측할 수 있다고 여긴다. 첫째, 이건 말도 안 되는 생각이다. 둘째, 사람들이 각 슬라이드에 같은 시간을 할애해 프레젠테이션을 진행해야 한다고 착각하게 만든다. 그렇게 된다면 얼마나 지루한 일인가!

슬라이드에 할애하는 시간을 달리하는 것만으로도 자극을 줄 수 있다. 한 슬라이드에 오래 머물 예정이라면, 다음 5개의 슬라이드는 각각 10초씩만 할애하고 넘어간다.

지나치게 일관된 템플릿을 피해야 하는 이유 역시 같다. 새로운 주제에 새로운 색상과 모양, 디자인이 적용되면 자연스레 자극이 더해진다.

슬라이드와 상호작용하는 방식에 대해 생각해보자. 주지하건대, 똑같은 형식은 피하라. 당신의 위치를 바꿔도 좋다. 슬라이드 옆에 서 있을 수도, 슬라이드 앞에 앉아 있을 수도 있다. 아니면 회의실 뒤편으로 걸어가 청중의 일부가 되어 슬라이드를 함께 볼 수도 있다. 때로는 절대 해서는 안 된다고 배웠던 행동, 즉 등을 돌려 슬라이드를 읽을 수도 있다. 정말 중요한 정보가 있다면, 슬라이드를 바라보며 한 단어 한 단어 천천히 읽는 것도 좋은 방법이다. 이후 흥미로운 요점이 등장하는 지점에서는 다시 청중을 향해 바라본다. 이러한 행동의 변화는 청중에게 상당한 자극을 준다.

화상회의에서는 슬라이드 내용을 어떻게 전달할지, 청중의 공감을 어떻게 끌어낼지 더 많이 고민해야 한다. 각 개인의 화면 설정 방식을 발표자가 통제할 수 없고, 주의산만을 나타내는 개인의 몸짓 변화를 포착하기 어렵기 때문이다. 이때 적용할 수 있는 방법은, 각기 다른 장소에서 다른 화면을 바라보고 있다고 생각하지 말고 발표자 옆에 앉아 같은 노트북을 보고 있다고 상상하는 것이다. 이렇게 되면 발표자는 자연스레 방향을 가리키게 된다("저기 빨간 막대를 보세요" "슬라이드 하단을 보면…"). 이 같은 접근 방식은 단순히 새로운 슬라이드를 계속 보여주며 진도만 나가는 것보다 훨씬 더 효과적이다.

안전에 대한 욕구

SUPERB 중 '두 종류의 청중 모두 충족' 단계를 적용해 커뮤니케이션을 마무리함으로써 안전에 대한 욕구를 충족시킨다. 이때 '전진형,' '회피형' 청중 모두를 만족시키는 언어를 사용하고 있는지 확인한다.

사람들은 '회피형' 언어보다 '전진형' 언어를 더 많이 사용하는 경향이 있다. 인간은 대체로 미래 지향적이고, 혁신과 재창조에 관해 이야기하길 원하며, 새로운 것에 흥미를 느끼고, 그 새로운 것은 커다란 이점을 가져다준다는 믿음을 갖고 있기 때문이다. 그러나 이는 사실이 아니다. 모두가 그런 건 아니다. 프레젠테이션 전반에 '회피형' 언어를 삽입해야 하는 이유다.

'걱정하지 마세요,' '안심시켜 드리죠.' 같은 문구와 '안전,' '신뢰,' '보장' 같은 단어를 포함하면 된다. 이 같은 표현이 다소 지루하게 들린다면 '전진형' 사람일 가능성이 크다. 따라서 그런 맥락의 언어도 추가할 필요가 있다. 흥미를 유발하는 단어뿐 아니라 안전을 약속하는 단어도 함께 넣을 공간을 확보하자.

지원에 대한 욕구

아이디어를 전달할 때는 그것의 기발함에 도취하기 쉽다. 중요한 건 아이디어가 아니다. 결국 차이를 만드는 것은 실행이다. 비즈니스가 실현하기에 적합한, 나름 괜찮은 아이디어가 기발하지만 실현 불가능한 아이디어보다 훨씬 낫다.

새로운 아이디어와 절차, 도구, 시스템, 또는 작업방식을 포함한 모든 스토리는 그 새로운 것이 어떻게 구현될 것인지, 그 기간에 청중을 어떻게 지원할 것인지도 함께 담아내야 한다.

다음과 같은 잠재적인 질문에 답할 수 있어야 한다.

- 다음에는 어떤 일이 벌어지나?
- 나는 무엇을 해야 하지?
- 우리 팀은 무엇을 해야 할까?
- 당신은 나를, 그리고 우리 팀을 어떻게 도울 것인가?

다시 말해, 스토리가 멈춘다고 해서 스토리 자체가 멈추는 건 아니다. 가능한 한 청중에게 모든 절차를 안내하는 것이 좋다. 노트북에 있는 대시보드를 보여주고 직접 클릭해보게 하거나 몇 번의 회의를 며칠 간격으로 누구와 해야 하는지 정확히 알려준다.

간단하고 실행 가능한 첫 단계를 보여주지 않으면, 아무리 멋진 청사진을 제시하더라도 사람들은 변화에 저항할 것이다. 그리고 결실을 빨리 보는 게 중요하다. 단순히 상황이 나아질 것이라고 말하는 것만으로는 충분치 않다. 눈에 띄게 빠르게 개선돼야 한다. 가령, 프레젠테이션에 참석한 고객사 직원이 상사를 설득해 해당 제품이나 서비스를 구매하도록 하려면 그 직원에게 믿음과 신뢰를 주어야 한다. 그리고 향후 상사에게 개선점을 언급하며 이렇게 말할 수 있어야 한다. "보세요, 제가 옳았어요."

이상 언급한 8가지 정서적 욕구를 충족하면, 스토리텔링의 힘은 한층 강력해지고 커뮤니케이션이 성공적으로 끝날 가능성도 크다. 스토리텔링이 충족할 수 있는 모든 욕구를 이해하고, 어떤 커뮤니케이션이든 청중을 감정적인 여정으로 이끄는 것임을 인지한다면, 당신이 〈왕좌의 게임〉에 나오는 칠 왕국의 통치자는 될 수 없을지언정 직장에서 상당한 경쟁 우위를 확보할 수 있을 것이다.

9장

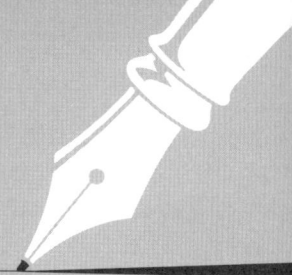

작가들의 영업 비밀

크리스마스를 일주일 앞둔 1931년, 런던의 추운 겨울밤. 한 청년이 베스널그린 경찰서로 향하는 계단을 오르고 있다. 크리스마스 분위기는 거의 느껴지지 않는다.

자신의 이름을 에드워드 버튼이라고 밝힌 이 남성은 만취 후 소란을 피운 혐의를 받고 있었다. 남자의 사연은 퍽 간단하고 슬펐다. 상습적인 음주 탓에 일하던 세탁소에서 해고당한 뒤 가족에게까지 버림받았다. 이후 빌링스게이트 어시장에서 수레꾼으로 일하며 근근이 생계를 이어가고 있었다. 그날 저녁, 그는 맥주 몇 리터와 위스키 한 병을 거의 다 마신 후 인근 주택가에서 소란을 피웠다.

버튼은 유치장에서 하룻밤을 보낸 뒤 올드 스트리트 경찰 재판소로 이송돼 담당 경찰의 조언에 따라 유죄를 인정했다. 벌금형이 내려지자 그는 벌금을 낼 수 없다며 징역형이 선고될 것 같다고 말했다. 하지만 관대한 치안판사는 하루만 더 유치장에서 구금될 것을 명했다.

운 좋게 풀려난 듯했지만, 버튼은 이 결과에 만족하지 않았다. 오히려 그는 분노했다. 버튼은 실제 버튼이 아니었기 때문이다. 그는 소설가 조지 오웰이었다. 감옥에 가고 싶어 버튼이라는 허구의 인물로 분해 일부러 소란을 피운 것이다.

오웰은 역사상 가장 유명하고 성공적인 소설가 중 한 명으로 평가된다. 『1984』, 『동물농장』 같은 희대의 고전을 탄생시켰으며 '냉전', '빅브라더', '사상 범죄' 같은 개념을 처음 언급해 오늘날에도 많은 이들의 공감을 불러일으키고 있다.

그의 성공 비결 중 하나는 디테일을 중시해 심도 있는 자료 조사를 진행한 점이었다. 그는 감옥에 관한 글을 쓰고 싶었고 직접 경험하지 않고는 제대로 글을 쓸 수 없다고 판단했다. 그래서 진짜 감옥에 가고 싶었다.

그렇다고 진정성 있는 글쓰기를 위해 감옥에 가야 한다거나 이와 유사한 메소드 연기(배우가 자신이 연기할 배역의 생활과 감정을 실생활에서 직접 경험하도록 하는 연기법)를 해야 한다고 주장하는 게 아니다. 하지만 조지 오웰의 심도 있는 자료조사는 주목할 필요가 있다. 이것은 글쓰기 과정을 탐색할 때 오웰에게서 배울 수 있는 효과적인 아이디어 중 하나다.

대다수 직장인은 글을 제대로 못 쓰는 사람은 사고도 명확히 할 수 없다고 단정한다. 또 논리적이지 못한 글은 사고 체계 또한 논리적이지 못하다는 증거라고 판단한다. 이는 사실이 아니며, 불공평한 처사다. 하지만 매우 일반적인 인식인 건 분명하다. 따라서 글쓰기 역량을 키우고 글을 통해 다른 사람과 소통하는 능력을 향상하면, 스토리텔링의 능력을 개선하는 등 여러 가지 효과를 얻을 수 있다.

사람들이 자신이 글을 잘 못 쓴다고 생각하는 이유 중 하나는 글쓰기 과정 자체를 잘못 이해하고 있기 때문이다. 또 글을 잘 쓰는 사람은 아주 쉽게 글을 쓴다고 생각한다. 초고가 제대로 안 나오면 자신은 글쓰기에 소질이 없다고 결론짓는다. 전문 작가들조차 초고는 별 볼 일 없다는 사실을 알지 못한다.

글쓰기에 천부적인 재능을 타고난 사람도 분명 있다. 하지만 대부분 업무에서 글쓰기 재능은 여러 가지 필요 요소 중 하나일 뿐이다. 중요한 건 노력과 절차에 대한 올바른 이해다.

다수의 전문 작가도 적절한 단어나 문구, 완벽한 구조를 즉각적으로 떠올리진 못한다. 글쓰기는 많은 시간과 인내, 끈기가 필요한 반복적인 과정이다.

필자는 누군가 이미 작성한 프레젠테이션 자료나 문서, 연설문을 다시 써달라는 요청을 자주 받는다. 그러면서 이들은 "마법 가루를 뿌려주세요"라고 요청한다. 마법 가루 같은 건 없다. 글쓰기가 개선되는 과정에는 마법 가루가 아닌 그저 더 큰 노력이 필요할 뿐이다.

이번 장에서는 전문 작가는 알고 있지만 이따금 글을 쓰는 일반인은 알지 못하는 글쓰기의 구체적인 방법을 살펴보도록 하자. 이 같은 영업 기밀을 알고 나면, 글쓰기에 타고난 재능이 없는 사람도 글쓰기의 명확성과 효과를 극대화하고, 가장 흔한 글쓰기 실수를 피할 수 있을 것이다.

간편하게 AUTHOR 기법이라고 명명해보자.

- 아날로그**A**nalogue: 워드나 파워포인트가 아닌 종이와 펜으로 시작하자.
- 이해하기**U**nderstand: 청중을 알고, 그들이 무엇을 원하는지 이해하자.
- 말하기**T**alk: 말하는 것과 같은 방식으로 글을 쓰자.
- 헤드라인**H**eadlines: 모든 헤드라인을 가장 먼저 작성하자.
- 한 가지**O**ne: 슬라이드 또는 단락별 요점은 한 가지로 유지하자.
- 다시쓰기**R**ewrite: 글쓰기는 다시 쓰는 것임을 기억하자.

아날로그Analogue: 종이와 펜으로 시작하자

글쓰기 매체는 글쓰기에 영향을 미치므로 글쓰기라는 물리적 행위에 접근하는 방법은 신중하게 선택해야 한다. 글쓰기는 다른 창의적 활동과 마찬가지로 발산 단계와 수렴 단계라는 전혀 다른 두 가지 단계로 구성된다. 전자는 아이디어를 탐색하는 단계고, 후자는 최종 결과물을 향해 집중적인 방식으로 나아가는 단계다.

다양한 선택지를 탐색하는 발산 단계에서는 종이와 펜, 메모지, 여러 색상의 펜이나 크레파스 등 아날로그 도구가 더 효과적이다. 반면 결과에 초점을 맞추는 수렴 단계에서는 디지털 도구를 이용하는 게 좋다.

다양한 종류의 업무에서 종이와 펜을 사용할 때, 그리고 디지털 기기를 사용할 때의 전반적인 효율 비교를 위해 뇌 활동을 주시하는 많은 연구가 진행되었다. 그 결과 거의 모든 사람이 글쓰기 시작 단계에서는 종이와 펜, 연필 등 아날로그 도구를 이용하는 것이 디지털 도구를 이용하는 것보다 더 효과적인 것으로 나타났다.

도쿄대학교에서 실시한 연구에 따르면, 응답자들을 fMRI 뇌 스캐너로 검사한 결과 키보드로 타이핑할 때보다 펜으로 글을 쓸 때 훨씬 더 많은 두뇌 활동이 일어나는 것으로 나타났다. 이러한 활발한 두뇌 활동과 여러 뇌 영역의 활성화는 정보의 부호화 및 검색뿐 아니라 프레젠테이션 자료나 문서를 만들고 구성할 때 아이디어 간 연결에 도움이 되는 것으로 보인다. 요컨대, 정보를 능숙하게 통제하는 것이다. 그 결과 정보를 더 깊은 수준에서 이해해 훨씬 더 다양하게 활용할 수 있다.

앞의 연구는 펜과 종이를 이용해 강조나 밑줄, 동그라미, 화살표, 손글씨, 여백에 색색의 펜으로 메모하기 등을 적용하면 좀 더 직관적인 글쓰기 작업이 가능하다고 강조한다. 그 결과 연구팀은 다음과 같이 결론지었다. "실제로 종이에 쓰면서 파생되는 복합적인 공간적·촉각적 정보는 화면의 위아래만 왔다 갔다 하는 표준화된 텍스트 배열 작업보다 글쓰기 품질을 더 우수하게 만든다."

심리학자 버지니아 버닝거 역시 "사람들은 디지털 도구를 활용할 때보다 펜과 종이를 사용할 때 더 많은 아이디어를 더 빨리 표현할 수 있다."라고 언급했다.

펜과 종이로 글을 쓰는 것은 타이핑과 근본적으로 다른 활동이다. 두뇌를 더 많이 사용한다. 뇌의 더 깊은 곳에 있는 정보를 암호화할 뿐만 아니라 이들 정보에 대한 접근성도 높아 아이디어의 흐름과 연결을 자연스럽게 한다. 이는 창의적인 글쓰기에 필수적인 요소다.

디지털 세상으로의 변화는 막을 수 없을 것이다. 효율성과 확장성 측면에서 디지털 미디어의 많은 이점은 대부분 업무 활동이 해당 영역에 남아 있을 것임을 의미한다. 그러나 특정 작업을 위해 키보드로 타이핑하는 대신 펜으로 종이에 직접 쓰는 건 여전히 가치 있는 활동이다.

확실히 창작 과정의 초기 단계에서는 아날로그 방식이 더 효과적이다. 정확한 단어나 문구, 구조에 집중하는 단계에 이르러서야 디지털 도구의 이점이 드러난다.

초기 단계에서는 디지털 도구가 별 도움이 되지 않을 뿐 아니라 오히려 불리하게 작용한다. 글쓰기의 첫 번째 단계는 결과물을 기반으로 하지 않는다. 최종 결과물을 얻으려는 작업이 아니다. 영역을 탐색하고 다양한 가능성을 검토하며 테스트하는 과정이다. 하지만 가령 파워포인트로 작업한다면, 너무 빨리 해결책을 향해 달려 나갈 것이다. 슬라이드 양식을 그대로 복사하고 붙여 새로운 내용을 채워 넣고 싶은 유혹을 뿌리치기 힘들다.

파워포인트는 너무 간단하다. 빠르다. 그래서 뭔가 진전을 이루었다는 느낌이 든다. 실제로는 그렇지 않은데 말이다. 이런 과정은 스토리 구축에 전혀 도움이 되지 않는다.

일을 수월하게, 빠르게 하는 것이 대부분 소프트웨어가 하는 일이다. 이런 소프트웨어는 사람들이 '마찰'로 부르는 것을 제거한다. 그러나 아이러니하게도 마찰은 글쓰기를 더 낫게 한다. 아이디어를 이해하고, 스토리에 적합한 형태를 찾기 위한 노력은 글쓰기의 과정일 뿐 제거해야 할 대상이 아니다. 소프트웨어는 이 '마찰'을 제거해 글쓰기를 더 쉽게 보이게 하지만, 실상은 더 안 좋게 만든다.

글쓰기 과정에서 가장 창의적인 단계인 발산 단계는 아이디어가 자유롭게 방황할 여유가 있을 때 훨씬 효과적으로 진행된다. 이런 여유가 허락되면, 완성된 구조로 너무 빨리 이동하지 않고 스토리의 여러 단계에서 적절한 아이디어를 순서와 상관없이 떠올릴 수 있다.

이 같은 마찰의 가장 중요한 장점 중 하나는 작가 닐 게이먼이 강조한 말로 대신하겠다. "컴퓨터로 글을 쓰면 수정과 삭제를 거듭하는데, 손글씨로 쓰면 어쩔 수 없이 초고를 다시 써야 한다는 점이 정말 좋다."

손글씨로 작업 후 디지털 매체로 옮기지 않고는 완성작을 발표할 수 없으므로 아날로그 방식으로 시작하면 두 번째 초고가 필요하다. 따라서 초고 작업이 한 번에 끝나는 과정이라고 생각하면 안 된다. 두 번째 초고는 매우 중요하다. 이와 관련해서는 AUTHOR 기법 중 다시쓰기Rewrite 단계에서 다시 다뤄보겠다.

아날로그 방식을 사용하면 초고를 다시 볼 수 있다. 워드나 파워포인트에서는 삭제 버튼을 누르는 즉시 아이디어는 사라진다. 어느 정도까지는 명령을 취소할 수 있지만, 이전 아이디어는 생각 속에서 제거돼 다시 돌아오지 않는다. 하지만 종이에 끄적인 아이디어는 그대로 남아 있다. 문단에 동그라미를 치고 새로운 위치에 화살표를 넣어 더 아래로 이동하더라도 다시 제자리로 돌아가거나 다른 곳으로 옮겨질 가능성은 항상 열려 있다. 작업의 전 단계에 걸친 모든 사고 과정을 언제든지 꺼내 쓸 수 있다. 작업 가능한 상태로 종이에 그대로 남아 있다. 의문을 제기할 수도, 수정할 수도 있다.

여러 사람이 함께 글을 쓸 때 아날로그 도구를 활용하면 좀 더 의미 있고 포용적인 방식으로 쉽게 협업할 수 있다는 장점이 있다. 여러 사람이 포스트잇에 아이디어를 적고 벽에 붙이는 모습은 너무나 익숙한 광경이다. 그만큼 잘 작동한다는 뜻이다. 디지털이 이런 경험을 복제할 수도 있고, 디지털 도구 외엔 다른 선택의 여지가 없을 수도 있다. 하지만 이 같은 상호작용의 물리적 특성과 민주적 절차의 특성은 글쓰기라는 창의적 활동에 아주 적합하다.

글쓰기 과정의 후반부로 넘어갈수록 디지털 도구를 활용한 공동 작업은 매우 신중하게 처리해야 한다. 일반적인 기본값인 공유 문서는 종종 재앙의 원인이 되기도 한다. 모든 사람이 공유 문서에 접근해 수정할 수 있어 모두가 '내가 하고 싶은 말이 뭐지?'라는 위치에서 각자 편집을 진행하게 된다. 이는 시작부터 잘못된 위치 선정이다. 결국에는 있어서는 안 될 내용으로 가득 찬, 복잡하고 혼란스러운 문서가 만들어진다.

글쓰기 후반부에서는 딱 한 사람만 '저자'가 되어 어떤 내용을 넣고 빼며 어디로 이동할지 통제해야 한다. 그렇지 않으면 스토리의 무결성이 손상될 수밖에 없다.

물론 이것은 다소 불편하고 번거로운 작업방식일 수 있다. 하지만 주지하건대, 그 과정에서 생겨나는 마찰이 더 좋은 결과를 만든다.

지구의 자원 낭비나 기후 변화에 대한 우려로 인해 아날로그 도구를 사용하는 것에 본인 스스로 거부감을 느끼거나 동료들의 반발을 살 수 있다. 물론 필요치 않은 곳에 종이를 사용하거나 낭비하는 건 분명 잘못된 일이다. 하지만 노트북이나 태블릿, 휴대폰, 서버 등 디지털 도구를 활용할 때 소비되는 전력, 그리고 생산부터 사용, 폐기에 이르는 전자기기의 수명 주기를 고려하면 오히려 종이 사용이 덜 해롭다. 종이는 낭비되지 않도록 늘 조심해야 한다. 하지만 업무상 종이가 가장 적절한 도구인 순간에 현명하게 사용하는 건 여전히 좋은 선택이다.

이해하기Understand: 청중이 무엇을 원하는지 이해하자

이 책에서 가장 중요하게 언급하는 부분 중 하나는, 스토리의 주체는 발표자가 아니라 청중이어야 한다는 점이다. 이를 위해서는 청중에 대해 가능한 한 많이 알아야 한다. 그렇다면 얼마나 많이 알아야 할까? 조지 오웰이 했던 노력만큼은 아니더라도 그의 남다른 열정에서 영감은 얻을 수 있다.

이 내용을 반복해서 언급하는 이유는, 막상 글쓰기를 시작하면 청중에 대해 많은 조사를 했더라도 자기중심적인 관점으로 돌아가기가 매우 쉽기 때문이다. 펜을 손에 쥐고 앉으면 자연스레 '나는 뭘 말하고 싶지?' '어떻게 말하고 싶지?' 같은 질문으로 돌아가는 경향이 있다. 다시 자기 자신에게 집중해버리는 것이다.

글쓰기 과정에서 이런 질문을 스스로 하는 것은 지극히 자연스러운 일이다. 따라서 청중에 대한 조사를 별도의 활동이 아닌 글쓰기 과정의 필수적인 부분으로 인식해 적극적으로 대응하는 것이 중요하다. 글을 쓰면서 청중에 관해 조사하고, 필요하면 이를 점차 확대해야 한다. 부족한 부분이 있다면 최대한 시간을 내어 보충하자.

이렇게 하면 청중이 궁금해할 핵심 질문, 곧 '나는 뭘 얻을 수 있지?'라는 질문에 답을 얻을 가능성이 높아진다.

이에 대해 영화 및 연극감독 마이크 니콜스는 다음과 같이 말했다. "'왜 나한테 이런 이야기를 하는 거죠?'라는 청중의 질문에 대답할 수 있어야 한다. 그 대답은 이렇다. '이것은 당신에 관한 스토리입니다. 당신의 삶에 관한 것이죠. 그리고 우리 모두의 삶을 반영합니다.' 제대로만 준비한다면, 사람들은 '맞아요! 어떻게 알았죠?'라고 답할 것이다."

이것이 바로 스토리의 효과다. 당신은 청중이 이렇게 느끼기를 원한다. '그래! 이 사람이 나와 내 회사, 도전, 그리고 기회에 대해 말하고 있구나!' 글을 쓰다가 특정 아이디어를 가장 잘 표현하는 방법이 떠오르지 않는다면, '내가 무엇을 말해야 할까?'라고 자문하는 대신 '청중은 지금 이 시점에서 무엇을 원하거나 궁금해할까?'라고 거꾸로 물어보자. 그래도 잘 모르겠다면, 조지 오웰로 분해 청중에 관해 더 많이 조사해보자.

예를 들어, 청중의 인구통계학적 특징, 배경, 관심사를 고려해보는 것이다. 개인으로서 그들에게 중요한 것이 무엇인지, 회사에서 그들의 역할과 회사가 시장 내에서 처한 상황을 고려할 때 그들에게 무엇이 중요한지 파악해보자. 토론하는 주제에 대한 청중의 지식 수준을 솔직하게 평가하자. 청중이 이미 알고 있는 정보를 나열하는 건 피해야겠지만, 청중이 이해할 수 없는 언어로 혼란스럽게 해서도 안 된다. 균형을 잡는 게 중요하다.

가능하면 청중을 개인적으로 알아가는 데 시간을 투자하자. 직접 만나서 대화하고 질문하자. 이것이 어렵다면 그들과 함께 시간을 보낸 다른 사람들을 찾아서 이야기해보자. 그런 사람들은 과연 누가 있을까?

요즘에는 얼마든지 쉽게 찾을 수 있다. 기업의 웹사이트와 소셜미디어는 기업의 문화와 가치, 사명, 제품과 서비스, 고객에 대해 많은 것을 알려준다. 그리고 대부분의 개인은 온라인과 소셜미디어를 통해 접촉할 수 있다. 이를 통해 직업인과 한 개인으로서 그들을 이해할 수 있다.

경쟁사도 조사해보자. 업계 내 다른 회사는 어떤가? 같은 점과 다른 점은 무엇일까?

청중과 비슷한 업체나 개인과 소통했던 다른 사례를 찾아보자. 무엇이 효과 있었고, 효과 없었는지 살펴보자.

커뮤니케이션의 목표를 분명히 파악하자. 기대하는 결과는 무엇인가? 청중을 이 결과로 이끌기 위해 충족시켜야 하는 정서적 욕구는 무엇인가?

말하기 Talk: 말하듯이 쓰자

프레젠테이션 자료나 업무 문서를 작성할 때는 기술적인 용어나 업계 전문용어, 긴 단어를 사용하는 것보다 짧고 쉬운 표현을 쓰는 게 좋다. 복잡한 것보다는 간단한 문장이 낫다. 단락도 길게 한없이 늘어지기보다 단순하고 짧게 써야 한다. 이에 대해 조지 오웰은 "짧은 단어로 충분할 때는 절대 긴 단어를 사용하지 말라."라고 지적했다.

법조계나 학계 등 서면 의사소통의 형식이 엄격하게 규정된 업계에서 일하는 경우가 아니라면, 평소 대화할 때 사용하지 않는 어휘나 표현을 넣어 좀 더 특별하게 글을 써야 한다는 생각은 떨쳐버리자. 글은 말하듯 쓰는 게 가장 좋다.

조지 오웰은 전문용어도 쓰지 말라고 조언한다. 긴 단어, 복잡한 문장, 전문용어를 많이 사용하면 당신의 권위와 신뢰가 높아질 수 있다고 생각하는가? 전혀 그렇지 않다. 권위와 신뢰는 청중이 쉽게 이해할 수 있는 언어를 사용해 그들을 존중하는 태도를 보일 때 비로소 높아진다. 이와 관련해 아인슈타인은 이렇게 말했다. "여섯 살짜리 아이에게 뭔가를 설명할 수 없다면 스스로 이해하지 못한 것이다." 이 말에는 암묵적 진실이 담겨 있다. 실제로 어떤 주제에 통달한 사람은 다른 사람들이 쉽게 이해할 수 있도록 친숙한 단어를 사용해 설명한다. 반대로 길고 전문적인 용어에 의존하는 사람은 깊이 있게 알기보다 피상적으로 이해하고 있을 가능성이 크다.

글쓰기의 고전으로 통하는 『영어 글쓰기의 기본The Elements of Style』에는 이에 대한 적절한 비유가 있다. "생동감 있는 글은 간결하다. 그림에는 불필요한 선이, 기계에는 불필요한 부품이 없어야 하는 것과 마찬가지로 문장에는 불필요한 단어가 없어야 하며 단락에는 불필요한 문장이 없어야 한다." 기계에 불필요한 부품을 추가한다고 해서 효율성이 높아지는 게 아니다. 커뮤니케이션도 마찬가지다.

AUTHOR 모델 중 T를 의미하는 말하기Talk에는 말하듯 글을 쓰라는 의미 외에 또 다른 의미가 숨겨져 있다. 어느 정도 만족스러운 초안이 완성되면 큰 소리로 말해보는 것이다.

직접 읽어보는 것만큼 글의 잠재적인 결함을 빠르고 정확하게 포착할 방법은 없다. 글의 오류나 어색한 부분, 모호한 표현을 찾아내는 데 도움이 된다. 글의 리듬과 속도도 개선할 수 있으며, 단어가 조화를 이루는지, 자연스럽게 들리는지 확인하는 데도 도움이 된다. 또 너무 길거나 반복적인 문장, 복잡한 문장은 소리 내어 읽기 어려우므로 본능적으로 알아챈다.

소리 내어 읽으면 글이 올바른 순서로 쓰였는지도 파악할 수 있다. 속으로만 읽으면 문장과 문단을 건너뛰면서 어색한 부분이 있어도 스스로 의미를 부여하기 때문에 제대로 된 순서 정립이 어렵다. 속도를 늦춰 소리 내어 읽으면 각 단어와 문장을 빠짐없이 읽으면서 어떤 부분이 잘못되었는지 확인할 수 있다.

헤드라인Headlines: 제목부터 정한다

초고 작성을 위한 모든 준비가 끝났다고 생각된다면? 일단 멈추자. 그리고 헤드라인부터 작성해보자. 프레젠테이션 자료를 만들고 있다면, 각 슬라이드의 헤드라인을 작성하면 된다. 문서 자료인 경우 헤드라인은 텍스트에 표시될 핵심 문장, 즉 요점이 된다.

이런 방식으로 작업하면, 글이 요점을 포함하고 있는지, 스토리에 충실하면서 요점에서 벗어나지 않고 있는지 확인할 수 있다.

글쓰기 시작에 앞서 전체 스토리를 단순화해 머릿속에 확실히 집어넣는 게 좋다. 그렇지 않으면 세부 내용을 적을 때 길을 잃기 쉽다. 이와 관련해 전설적인 영화감독 빌리 와일더는 작가들에게 이렇게 조언했다. "헤드라인부터 시작하면 모든 것이 선명해진다."

요컨대, 헤드라인을 제대로 쓰는 것이 중요하다. 스토리텔링 헤드라인에 대해서는 4장에 구체적으로 언급한 바 있다.

스토리텔링 헤드라인은 핵심 내용을 언급하며 보통 청중에게 명확한 이점을 표현한다. 이 외에 당신이 쉽게 접할 수 있는 헤드라인에는 두 종류가 있다. 이들은 서로 하는 일도, 구성 방식도 다르다. 이들은 사용하지 않는 게 좋다. 따라서 스토리텔링 헤드라인과의 차이점을 명확히 알아두자.

먼저 신문 헤드라인이다. 이것은 인쇄물이 유일한 매체였던 시절에 개발된 스타일로 변경할 수 없는 특정 공간에 적합하도록 설계되었다. 과거에는 한 사람이 헤드라인의 글꼴 크기, 각 열의 길이, 사용 가능한 줄 수를 정의해 페이지를 디자인하면 다른 기자들은 이 매개변수를 정확히 유지하면서 헤드라인을 작성하는 것이 일반적이었다. 그 결과 이 조건을 맞추기 위해 신문 헤드라인은 줄임말을 사용할 수밖에 없었다. 스토리텔링 헤드라인에서는 절대 피해야 할 부분이다. 신문 헤드라인에서는 'a,' 'the,' 'is,' 'her' 같은 단어가 최대한 생략되는 이유가 바로 여기에 있다. 하지만 스토리텔링 언어에서는 이들 모두 꼭 필요한 요소다.

우리가 모방해서는 안 될 또 하나의 헤드라인은 온라인 사이트의 낚시성 헤드라인이다. 이들은 늘 '깜짝 놀랄 소식이 전해졌다.'라며 우리를 유혹한다. 하지만 지금도 앞으로도 일어나지 않을 일을 약속하는 낚시성 헤드라인은 절대 쓰지 말아야 한다.

이런 기법은 시간 죽이기용 웹 서핑족들에게 도파민을 제공하는 데 효과적일지 몰라도 청중에게는 짜증과 실망만 안겨줄 뿐이다.

한 가지One: 요점은 한 가지로 족하다

비즈니스 문서에서 가장 흔하고 눈에 띄는 결함 중 하나는 문단 구성의 일관성이 없다는 것이다. 계속해서 이어지는 단락은 마치 블록처럼 이어지고, 이를 보는 독자는 혼란스럽기만 하다.

문서의 각 단락, 프레젠테이션의 각 슬라이드는 오직 한 가지에 관한 내용이어야 한다. 주제를 바꾸려면 새 단락, 새 슬라이드로 넘어가야 한다. 그 규칙만 잘 지켜도 글이 명확해지고 청중이 스토리의 흐름을 따라가는 데 도움이 된다.

슬라이드가 무엇인지는 누구나 알고 있다. 하지만 단락이 무엇인지, 글쓴이가 하나의 단락을 끝내고 새로운 단락을 시작하는 이유를 제대로 아는 사람은 많지 않을 것이다.

단락은 하나의 아이디어를 중심으로 한 문장의 모음이다. 그래서 단락의 첫 문장은 슬라이드 제목과 비슷해야 한다. 첫 문장은 단락의 핵심 아이디어를 가능한 분명히 전달해야 한다.

이후 단락의 나머지 문장은 이 하나의 아이디어를 뒷받침하는 형태로 이어진다. 이들 후속 문장은 여러 가지 임무를 수행한다. 첫 문장의 요점을 설명하거나 분명히 하고, 핵심 아이디어를 뒷받침하는 데이터나 인용문, 연구 결과를 제시한다. 사례를 언급할 수도 있다. 다음 아이디어로 넘어가려면 새로운 단락이 필요하다.

다시쓰기Rewrite: 글은 다시 쓰는 것임을 기억하자

글쓰기 과정에서 가장 많은 시간이 낭비되는 부분이 바로 첫 문장을 쓸 때다. 어디서, 어떻게 시작할지 몰라 끊임없이 헤맨다. 하지만 정답은 그냥 아무 데서나 시작하면 된다는 것. 어차피 다시 돌아와 수정할 것이므로 첫 문장에 대한 고민은 무의미하다. 여기에 쓰는 시간이 낭비된다고 하는 이유는 바로 여기에 있다.

이에 대해 소설가 조이스 캐롤 오츠는 이렇게 말했다. "첫 문장은 마지막 문장을 쓰고 나서야 비로소 쓸 수 있다." 이 말이 문자 그대로는 아닐 수 있다. 하지만 글쓰기를 깊게 진행하고 나서야 시작점의 윤곽이 잡힌다는 것만은 분명하다.

첫 문장만 다시 쓰는 건 아니다. 작가들이 흔히 듣는 조언 중 하나는 '글쓰기는 다시 쓰는 과정이다.'라는 말인데, 이는 절대적으로 사실이다. 아무리 재능 있는 작가라고 해도 초고로 끝내서는 좋은 글이 될 수 없다.

조지 오웰의 소설 『1984』는 초고와 수정본은 인터넷에서 쉽게 찾아볼 수 있다. 그런데 첫 페이지만 봐도 수많은 명작을 탄생시킨 이 세계적인 작가가 초고의 절반 이상을 버리고 다시 썼다는 점을 알 수 있다. 해당 수정본은 타자기로 쓴 초고를 수정한 것으로 그전에도 수많은 수정 작업이 이루어졌을 것으로 추측할 수 있다.

이처럼 위대한 작가도 초고는 마음에 들어 하지 않는데, 하물며 초고가 완벽하지 않다는 것을 실패의 신호로 받아들여서는 안 된다. 글쓰기를 다시쓰기로 칭하는 이유는 바로 여기에 있다.

다시쓰기를 통해 구조와 아이디어를 재구성하고, 요점을 더 확실하게 나타내며, 주장을 탄탄하게 뒷받침할 수 있다. 또 반론에 대응하면서 어조에 일관성이 있는지, 슬라이드나 단락 사이 전환이 매끄러운지, 전체적인 스토리 흐름이 유지되는지도 확인할 수 있다.

다시쓰기 과정에는 텍스트 추가 및 삭제, 이동, 단어와 문구 변경 등이 포함된다.

이때 늘 뭔가를 추가하고 싶은 유혹이 밀려온다. 하지만 이 단계에서는 오히려 삭제하는 게 가장 좋은 방법인 경우가 많다. 아무리 멋진 표현이라도 스토리 발전에 도움이 안 된다면 삭제하는 게 맞다. 쉽지 않겠지만, 소설가 스티븐 킹의 조언을 되새겨 보자. "자기밖에 모르는 내 안의 작은 글쟁이의 마음을 아프게 할지라도 매혹적인 그 표현은 떨쳐내자, 떨쳐내자, 떨쳐 내버리자."

앞서 초고를 혼자 소리 내어 읽으며 오류를 찾아내는 과정이 얼마나 효과적인지 언급했다. 이제 초고를 좀 더 발전시켜 어느 정도 완성작에 이르렀다고 생각되면, 동료 앞에서 큰 소리로 읽어보자. 이렇게 하면 바로 그 자리에서 수정하고 싶은 마음이 들면서 모든 문제를 빠르게 파악할 수 있다. 글을 읽다가 어색하거나 지나치게 복잡한 부분이 나오면 본능적으로 읽기를 중단하고 싶어진다. 따라서 대부분 오류를 읽기 직전에 스스로 발견할 수 있다.

협업을 위한 조언

자신의 콘텐츠뿐 아니라 다른 사람의 글에 피드백을 주고, 커뮤니케이션이나 스토리 전달에 도움을 줘야 하는 상황이 발생할 수 있다.

이때 어려운 점은, 단순히 자신의 의견을 강요하거나 지나친 비판으로 상대방의 기분이나 자존심을 상하게 하지 않고 결과물이 개선될 수 있도록 돕는 것이다.

팀원이 작성한 글이 미흡하다고 생각된다면, 어떻게 하면 팀원의 사기를 떨어뜨리지 않으면서 결과물의 품질을 높일 수 있을까? 이 과정은 당사자에게도 불쾌한 경험일 뿐 아니라 피드백 과정이 끝난 후 곧바로 결과물 발표 자리가 이어질 수 있으므로 비즈니스 전체적으로도 좋지 않다. 피드백을 주는 사람과 받는 사람 모두 자기 자신을 믿어야 한다.

이 난제에 대한 가장 좋은 해결책은 수정 모델을 사용하는 것이다. 이렇게 하면 '뭔가 좀 부족한데'라고 지적할 필요 없이 객관적인 기준에 따라 결과물을 비교할 수 있다.

한 가지 예로 '행동하고 생각하며 느끼기Do Think Feel' 모델을 들 수 있다. "청중이 이 슬라이드, 혹은 이 단락을 읽고 무엇을 행동하고, 생각하며, 느끼기를 바라는가?"라고 질문하고 함께 대답하면서 이 목표가 달성되었는지 확인하는 것이다.

이 과정에서 당신 대신 작업자 스스로 비판하고 수정하는 경우가 많다.

6장에서 시작점에 '이 슬라이드/단락에서는…' 틀을 활용하라고 언급한 바 있다. 위 모델은 이 틀을 변형한 것으로 여러 명이 함께 작업하거나 다수로부터 피드백을 받는 경우 특히 유용하다. 팀원들은 '이 슬라이드/단락에서는…' 틀을 사용해 각 슬라이드나 단락을 다음과 같은 간단한 문장을 중심으로 정렬한다.

- "이 슬라이드/단락에서는…매장의 고객 경험이 얼마나 열악한지 알 수 있습니다."
- "이 슬라이드/단락에서는…양사의 기술 스택이 얼마나 잘 맞는지 확인해봅니다."
- "이 슬라이드/단락에서는…프로젝트 전 기간 365일 24시간 지원 약속을 보장합니다."

이 문장 역시 주인공은 '청중'이며 '우리', 즉 당신이나 팀원이 아니라는 점을 기억하자.

세 개의 점 뒤에 오는 내용에 동의한다면, 슬라이드가 이 목표의 달성 가능 여부를 함께 판단할 수 있다. '행동하고 생각하며 느끼기' 모델과 마찬가지로 이 과정에서 개인적으로 비판한다는 느낌은 없앨 수 있다.

'행동하고 생각하며 느끼기' 모델을 적절하고 투명하게 사용하면, 직접 작업한 팀원은 비판이나 지시를 받는 대신 함께 새로운 발견의 과정으로 들어설 수 있다("고쳐야 할 게 많네."라고 말하는 대신 "이 모델을 적용해 결과물을 비교해보죠."라고 제안한다).

글쓰기에 적합한 시간과 장소 찾기

글쓰기 업무에는 마감이 있고, 보통 마감일은 촉박하다. 그런데 사람에게는 각자 글쓰기에 가장 좋은 시간과 장소가 있다.

그렇다고 늘 최적의 조건에서 글을 쓸 수 있다는 건 아니다. 다만, 자신에게 어떤 환경이 가장 적합한지 알고 있으면 그런 환경을 조성해 최고의 역량을 발휘할 수 있다. 그럼 다음에도 같은 환경을 조성하게 된다.

자신의 생체 시계에 대해 잘 알고 있을 것이다. 가능하다면 각종 관리 업무는 에너지가 가장 적을 때, 글쓰기 작업은 에너지가 가장 많을 때 하도록 하자. 자신에게 가장 이상적인 글쓰기 공간은 어디인지 생각해보는 것도 중요하다. 어디가 글쓰기에 최적의 장소일까? 평소 다른 업무도 다 같이 처리하는 책상이 편한가? 아니면 다른 책상에서 더 잘 써지는가? 배경음악이 있어야 집중이 더 잘되는가? 조용한 곳에서 집중이 더 잘되는가? 완전히 몰입해야 좋은 결과물이 나오는가? 중간에 동료와의 수다 시간이 필요한가?

이 중 어느 것도 정답은 아니다. 우리는 모두 다르기 때문이다. 중요한 것은 무엇이 자신에게 효과적인지 아는 것이다. 그런 다음 글쓰기에 최대한 긍정적인 환경을 조성한다. 다만, 이때 반드시 그런 상황이 갖춰져야만 글을 쓸 수 있다는 생각은 버리자. 직장에서의 다른 일과 마찬가지로 글쓰기 역시 때로 타협이 필요하다.

이번 장을 아우르는 교훈이 있다면, 글쓰기 역시 재능과 노력, 과정에 대한 이해가 복합적으로 필요한 작업이라는 점이다. 앞서 설명한 절차를 따르고, 적절한 시간을 투자하면 훌륭한 결과를 얻을 수 있을 것이다.

10장

'나'라는 스토리를 찾아서

소크라테스는 '미남'이라는 별명을 가진 부유한 청년 에우튀데모스를 만났다. 별명 때문인지 그는 다소 거만한 태도를 보였다. 에우튀데모스는 위대한 철학자와 시인들의 작품을 수집하는 것으로 유명했다. 그리고 그들의 지혜를 흡수해 위대한 정치가가 되겠다는 포부를 갖고 있었다.

소크라테스는 에우튀데모스가 얼마나 현명한 사람인지 알아보기로 했다. 그는 청년에게 진실과 거짓, 정의와 불의, 지식과 무지에 관한 긴 질문을 던졌다. 그리고 끝으로 신성한 장소로 여겨졌던 델포이의 아폴로 신전을 방문해본 적이 있는지 물었다.

에우튀데모스는 가본 적이 있다고 답했다. 그것도 두 번이나. 이에 소크라테스는 신전 벽에 적힌 '너 자신을 알라'라는 글귀를 보고 깨달은 바가 있는지 물었다. 청년은 질문의 뜻을 알아차렸다. 소크라테스는 그야말로 신과 연결된 그토록 신성한 장소에 대해 자신이 그런 질문을 한 것에 대해 에우튀데모스가 어떻게 생각하는지 궁금했다. 과거 청년은 글귀를 보고 뭔가를 하려고 애썼을까? 자신을 더 깊이 알기 위해 노력했을까?

이에 에우튀데모스는 "깨달은 바가 없습니다"라고 대답했다. 그러면서 이렇게 이어나갔다. "저는 이미 제 자신을 잘 알고 있다고 확신했기 때문입니다. 나 자신조차 알지 못한다면 다른 어떤 것도 알 수 없다고 생각합니다."

고대 그리스 문학을 전공했거나 전문 철학자가 아니더라도 이 대화의 의미는 이해할 수 있을 것이다. 에우튀데모스는 분명 잘못된 길을 걸어가고 있었다. 소크라테스는 그에게 자신을 전혀 알고 있지 못하며, 신적 벽에 쓰인 글귀에 귀 기울여야 한다고 조언했을 것이다.

이외에도 델포이 신전에는 '지나친 것은 모자라는 것만 못하다.' '확신은 파멸을 낳는다.' 두 개의 비문이 더 있었다. 이 역시 오늘날에도 업무와 관련해 많이 회자되지만, 시대를 초월해 가장 큰 반향을 일으킨 것은 '너 자신을 알라'이며 바로 지금 우리에게도 적용되는 말이다.

이제 여러분의 차례다

이 책을 관통하는 한 가지 주제는 발표 당사자가 주인공이 되어서는 안 된다는 것, 스토리의 주인공은 발표자가 아니라 팀·고객·조직 등 청중이어야 한다. 이것을 끊임없이 강조하는 이유는 늘 자신의 스토리를 말하려는 인간의 성향 때문이다.

이 같은 성향을 돌이키기 위해 필자는 최선을 다해 설명했다. 그러나 이제는 당신 자신의 스토리가 필요한 순간도 있다는 걸 인정해야겠다.

주지하건대, 늘 청중이 공감할 수 있는 방식으로 스토리를 전하고, 청중이 그것을 자신의 스토리로 느낄 수 있도록 노력해야 한다. 하지만 때로는 개인이나 팀에 관한 스토리 등 본인의 스토리를 전달해야 할 때도 있다.

이번 장에서는 당신 자신의 이야기, 팀의 이야기, 조직의 이야기를 이해하기 위해 거쳐야 할 과정에 대해 알아본다. 여기에는 본인과 조직에 대해 더 깊이 이해하는 과정이 포함된다. 이번 장의 두 번째 부분에서는 이러한 일반적인 발견 과정을 바탕으로 직장에서 흔히 접할 수 있는 구체적인 스토리를 예로 들어보겠다. 다음은 대표적인 주제다.

- 탄생 스토리
- 미션 스토리

- 도전과 극복에 관한 스토리
- 변화 탐색에 관한 스토리
- 가치에 관한 스토리

일반적인 발견 작업을 수행한 다음 나 자신과 관련된 이 같은 스토리를 이해하고 나면, 내외부 청중을 대상으로 하는 모든 커뮤니케이션이 더욱 강력해진다.

실제 청중 앞에서 직접 말하거나 글로 쓰지 않더라도 이런 스토리를 이해하고 그것이 자신과 조직에 어떤 영향을 미치는지 이해하면 업무가 한층 개선될 것이다. 행동과 전략의 우선순위를 명확히 함으로써 자신이 무엇을 왜 하는지 좀 더 분명히 이해할 수 있게 된다.

자신의 스토리를 발굴하는 데 필요한 자기 발견 과정은 그 자체로 값진 훈련이다.

나는 누구인가?

나에 관한 스토리를 들려주려면, 나에 관한 스토리를 알아야 한다. 나에 관해 말하고자 한다면 나 자신부터 알아야 한다.

'너 자신을 알라.'라는 말은 고대 그리스 문명에서만 중시된 것이 아니다. 내면을 더 깊이 들여다보는 것이 유익하다는 생각은 기독교와 이슬람교, 불교, 유교 등 위대한 종교와 함께 니체, 프로이트, 융 같은 철학자들의 사상에서도 반복해서 다뤄졌다. 오늘날 정서지능 이론에서도 자기 인식과 그에 따른 자기 관리는 핵심 기술로 간주된다.

자기 자신을 더 잘 이해할수록 회사 업무 및 생활 전반에서 더 잘 기능할 수 있다. 따라서 '나는 당연히 나 자신을 잘 안다.'라는 에우튀데모스식의 접근법은 바람직하지 않다. 시간을 들여 나 자신을 깊게 들여다보자.

라이프 코치나 치료사의 도움을 받아왔다면, 이미 자기 발견의 여정을 시작했을 수 있다. 하지만 대부분 사람은 적극적으로 자기 발견의 시간을 가져본 적이 없다. 주된 이유 중 하나는 자기 발견의 시간이 너무 어렵게만 느껴지기 때문이다. 어떤 면에서는 맞는 말이다. 자기 발견의 과정은 계속해서 깊어질 수 있지만, 어쩌면 평생이 걸릴 수도 있는 장기 프로젝트다.

그렇게 긴 여정을 선호하는 사람은 많지 않을 것이다. 하지만 어떤 수준에서든 자기 발견은 도움이 될 수 있다. 스스로 자신에 대한 몇 가지 질문을 하고, 그 답을 생각해보면 된다.

나를 찾아가는 질문들

<u>나는 언제 가장 나다운가?</u>

일주일 정도 기간을 정하고, 매일 하루를 마무리할 때 업무시간 외에 가장 나답다고 느꼈던 시간을 기록해보자. 진짜 내 모습을 느꼈을 때는 언제인가? 가장 행복했던 때는 언제인가? 가장 원하는 일을 하고 있다고 느낀 순간은 언제인가?

주말이 되면 이 메모를 죽 살펴보며 어떤 주제가 떠오르는지 확인해보자. 가장 나답다고 느껴진 순간은 언제인가?

이것은 당신의 성격과 가치관, 우선순위, 인생의 방향에 대해 무엇을 말해주는가?

진정한 나는 누구인가?

<u>나는 무엇을 잘하는가?</u>

지나치게 겸손한 나머지 자신의 성취를 내세우지 못하는 사람들이 있다. 성취한 결과에 대해 생각조차 안 하는 사람들도 있다. 또 어떤 사람들은 자신이 한 성취는 누구나 할 수 있는 것이라며 별거 아닌 것으로 치부해버리기도 한다.

이런 겸손함을 모두 내려놓고, 내가 잘하는 것을 정확히 적어보는 시간을 갖자.

지난 몇 년간 이뤄낸 개인적인 성공 사례를 찾아보자. 직장이나 가정, 또는 더 넓은 영역에서의 성공일 수도 있다. 다른 사람이 인정하지 않더라도 스스로 성취감을 느꼈다면 그 역시 성공의 범주에 속한다.

다시 한번, 주의 깊게 찾아보자.

내가 가진 특별한 기술과 재능에 대해 생각해보자. 스포츠에 탁월한가? 수학을 잘하는가? 외국어에 능통한가? 특정 유형의 사고에 우수한가? 문제 해결 능력이 남다른가 아니면 세부 사항에 대한 주의 집중력이 뛰어난가? 손재주가 있는가? 어떤 훈련을 받았는가?

아니면 특별한 인간관계 기술이 있는가? 팀원들에게 동기를 부여하거나 심한 압박 속에 있는 사람들을 진정시키는 데 능숙한가?

어려움에 직면한 적이 있는가?

생활 전반과 업무에서 겪어본 어려움을 떠올려보자. 어떤 어려움이 있었는가? 처음에는 너무 벅차서 감당하기 힘들 것 같았던 도전이나 벽에 부딪힌 순간은 언제였는가?

그것을 어떻게 극복했는가? 어떤 자원을 활용했는가? 어떤 기술을 사용했는가? 도움을 준 동료는 누구인가?

그 과정에서 나 자신에 관해 무엇을 배웠는가? 자신에게 있는지 몰랐던 재능을 발견한 적이 있는가? 이를 통해 자신의 잠재력이나 가능성에 대한 초점을 조정했는가? 세상을 바라보는 관점이 달라졌는가?

무엇이 동기를 부여하는가?

당신에게 동기를 부여하는 것의 목록을 적어보고 순위를 매긴 후 가장 중요한 것이 무엇인지 파악해보자. '무엇이 동기를 부여하는가?'라는 질문에 답하기 어렵다면, 질문을 다른 방식으로 표현해보자.

예를 들면 이렇게 바꿀 수 있다. 나에게 가장 중요한 활동은 무엇인가? 매일 아침, 무엇이 나를 침대에서 일으켜 세우는가? 내가 정말 좋아하는 일은 무엇인가? 돈을 받지 않더라도 하고 싶은 일은 무엇인가? 내게 성취감을 주는 요소는 무엇인가?

사람들이 동기를 부여받는 요인은 무척 다양하다. 금전적 보상이나 승진, 인정, 단순한 감사 인사, 배움, 다른 사람을 돕는 일, 지적 도전, 업무에 대한 자율성 등 수없이 많다.

이들 질문에도 답하기 어렵다면, 의욕이 떨어지거나 좌절감을 느꼈던 순간을 떠올려보자. 무엇이 그런 감정을 불러일으켰는가? 그 반대의 상황도 동기부여가 될 수 있다.

어디로 가고 있는가?

목표와 포부에 대해 생각해보는 시간을 가져보자. 구체적인 목표가 없다면 큰 방향만 생각해도 좋다. 나는 지금 어디로 향하고 있는가?

커리어의 다음 단계는 무엇인가? 5년 후에는 어디에 있고 싶은가? 10년 후에는?

자신이 생각했던 목표에 얼마나 가까워졌는가? 본래 의도한 방향에서 멀어진 것 같다고 느꼈을 때 인생이 던져준 새로운 도전 과제 앞에서 방향으로 조정한 적이 있는가?

현재 분야에서 위쪽으로 올라가는 수직적 커리어를 추구할 것인가, 다양한 분야를 넘나드는 T자형 커리어를 추구할 것인가? 직업을 종종 바꾸고 싶은가? 해외 이주 계획이 있는가?

어떻게 변화를 만들고 싶은가?

일상 및 직장생활에서 변화를 만들어낼 방법을 생각해보자.

스스로 이렇게 물어보자. 내가 하는 일이 누구에게 이익이 되는가? 어떻게 하면 상황을 개선할 수 있을까? 조직과 주변 사람에게 어떻게 긍정적인 영향을 미치고 있는가? 내가 하는 일을 통해 직접적으로 혜택을 받는 사람, 간접적으로 혜택을 받는 사람은 누구인가?

팀원이나 고객, 고객사, 가족, 친구 등 사람들에게 어떤 변화를 일으키고 있는가? 그리고 당신의 행동이 우리 사회에, 그리고 전 지구적으로 어떻게 기여하고 있는가? 위 질문은 혼자서 할 수도 있지만, 스토리텔링 개발에 관심 있는 친구와 함께해도 좋다. 이는 당신의 성격에 따라 선택하면 된다. 혼자서 진행하는 것을 좋아하는 사람이 있는가 하면 다른 사람들의 시각을 통해 얻는 게 많다고 생각하는 사람도 있다. 정답은 없다. 그저 내게 맞는 방식대로 진행하면 된다.

흔히들 '처음 떠오른 생각이 가장 좋다.'라고 한다. 이 말은 때로 사실이지만, 보통 위와 같은 질문을 할 때는 처음 떠오른 생각을 곱씹을 필요가 있다. 먼저 질문하고, 그에 답한다. 그리고 며칠 동안 그대로 둔다. 이후 돌아와 다시 평가한다. 그 며칠 동안 무의식 속에서 새로운 아이디어가 떠오를 것이고 답을 구체화할 수 있다.

답을 찾지 못할 때 의미를 발견하는 방법은 사람이나 장소, 순간에 집중하는 것이다. 이렇게 하면 다른 각도에서 업무에 접근할 수 있고, 자연히 생산성도 올라간다.

스스로 질문해보자. 내게 정말 중요한 사람이 누구인가? 가족이나 친구, 동료, 영감을 준 사람, 또는 바로 오늘 내게 영향을 준 사람일 수 있다. 그 사람이 중요한 이유는 무엇일까? 그 관계에서 무엇을 얻을 수 있을까? 그 관계가 중요한 이유는 무엇일까? 인생에서 중요한 장소로 남은 곳에 대해 깊이 생각해보자. 나는 어디에 있었나? 왜 그곳이 중요하게 남아 있는가? 거기서 무슨 일이 있었는가? 인생의 중요한 전환점이 되었던 순간을 떠올려보자. 내 인생이 완전히 바뀌었던 순간은 언제인가?

가장 어려운 스토리를 전달하는 방법

위 질문에서 떠오르는 정보를 바탕으로 자신에 대한 다양한 스토리를 구성할 수 있다.

어떤 이야기를 하든 늘 청중과의 공통점을 찾는 것을 잊지 말자. 이는 간단하지만 어려운 질문에 답해야 하는 경우 특히 어렵다(공식적인 면접, 또는 비공식적인 대화.) 질문은 보통 이런 식으로 주어진다. "자신의 스토리를 들려주세요."

이 질문은 아마 당신이 직면하게 될 가장 어려운 스토리텔링의 순간일 것이다. 이렇게 광범위한 질문이 들어오면, 대부분 사람은 당황해한다. 그렇다면 이 광범위한 질문의 범위를 어떻게 좁혀서 일관성 있는 스토리를 만들 수 있을까? 그리고 가장 기본적인 스토리텔링 규칙, 즉 청중의 공감을 불러일으켜야 한다는 규칙을 어떻게 준수할 수 있을까?

표4는 그 방법을 보여준다.

장면	좋은 스토리	SUPERB	SUPERB 절차를 '자신의 스토리를 들려주세요.'라는 질문에 적용하는 법
하나	청중은 주인공과 강한 공감대를 형성한다	공유 경험	자신에 대해 구체적으로 언급해달라는 요청을 받더라도 청중과 공감대부터 형성한다. 자신의 스토리가 다른 사람의 스토리와 어떤 식으로든 유사하다는 점을 언급한다.
둘	청중은 주인공이 어떤 퀘스트를 진행 중이고 목적지가 어디인지 이해한다	최종 혜택	이 시점에서 청중은 주인공이 생각하는 성공이 어떤 모습인지 이해할 수 있다. 삶에 동기를 부여하는 것, 어렸을 적, 혹은 경력 초창기에 가졌던 꿈(이러한 꿈은 현실과 어떤 식으로든 연결되어 있어야 함) 등을 제시한다. 이런 꿈과 포부가 다른 사람들의 그것과 비슷하다는 점을 강조한다.

장면	좋은 스토리	SUPERB	SUPERB 절차를 '자신의 스토리를 들려주세요.'라는 질문에 적용하는 법
둘	주인공은 중대한 도전에 직면하고 이를 해결하기로 한다	문제 정의	청중은 발표자가 어떤 도전에 직면했는지 명확히 알 수 있어야 한다. 가능하면 이런 도전에서 다른 사람이 공감할 수 있는 보편적인 요소를 찾는다.
	주인공은 난관을 성공적으로 극복한다	대안 탐색	발표자가 이런 도전을 어떻게 극복했는지 청중은 정확히 알 수 있어야 한다. 실패했던 경험, 그 결과 경로를 바꾸었던 경험을 솔직하게 나눈다. 처음부터 성공하는 사람은 없다.
	주인공은 연거푸 더 어려운 도전에 직면하고, 대개 조력자의 도움을 받아 이를 극복한다	반대 의견 탐색	문제 극복 과정을 부풀리지 말고 다른 사람들도 비슷한 혹은 더 어려움 도전에 직면했음을 인정한다.
셋	최고 난도의 도전을 극복하기 위해 주인공은 자신과 세상을 새로운 방식으로 바라본다	현실 제시	이런 도전을 극복하면서 자신에 대해 새로 알게 된 점, 그리고 삶 전반이나 일, 대인관계를 새로운 시각으로 보게 된 점을 나눈다. 구체적인 업무에 관한 깨달음이라면 좀 더 일반적인 용어로 표현한다(예: '회계팀의 제니스는 모르는 사람이 없다.'보다는 '조직 내에서 비공식적인 네트워크를 구축하는 건 도움이 될 수 있다.'라는 식으로 나타낸다).
	주인공은 승리한다	두 종류의 청중 모두 만족시키기	자신도 성공했지만, 다른 사람들도 이득을 본 지점에서 끝낸다.

표4

이처럼 명확한 스토리텔링 구조를 '자신의 스토리를 들려주세요.' 질문에 적용하면, 질문과 답변을 좀 더 함축적으로 진행할 수 있어 스토리 구축이 한결 쉬워질 것이다.

팀이나 조직의 스토리를 준비할 때도 비슷한 과정을 거치면 된다

청중의 이해를 높이기 위해 팀이나 조직에도 위와 같은 질문을 적용할 수 있다.

- 팀/조직이 가장 잘할 때는 언제인가?
- 팀/조직이 가장 잘하는 것은 무엇인가?
- 팀/조직의 원동력과 동기는 무엇인가?
- 팀/조직은 어디를 향해 가고 있는가? 단기, 중기, 장기 목표는 무엇인가?
- 팀/조직은 어떻게 차이를 만들어내는가?

청중의 관점에서 질문을 바꿔보자

책 전반에 걸쳐 스토리를 전할 때는 청중을 이해하는 것이 가장 중요하다고 강조했다. 청중이 팀원이든, 고객이든, 다른 업체든 상관없이 말이다.

위에서 언급한 질문을 수정해 청중을 이해하는 또 다른 방법을 개발할 수 있다.

- 청중은 스스로 어떻게 평가하는가?
- 청중이 잘하는 것은 무엇인가?
- 청중에게 동기를 부여하는 것은 무엇인가?
- 청중이 단기, 중기, 장기적으로 원하는 것은 무엇인가?
- 청중은 세상을 어떻게 변화시킬 수 있다고 믿는가?

가장 중요한 스토리를 작성하는 방법

이렇게 일반적인 탐색 과정을 마쳤다면, 이제 직원이나 고객, 기타 이해관계자들과 업무적으로 소통할 때 가장 필요한 스토리 즉, 탄생 스토리, 비전 스토리, 도전 극복 스토리, 변화 탐색 스토리, 가치 스토리를 차례로 살펴보도록 하자.

각 사례에서는 스토리 작성에 앞서 답해야 할 핵심 질문을 정리하고, 영감의 원천이 될 만한 비즈니스 리더의 말, 그리고 차용 가능한 고전적인 스토리텔링 구조를 설명한다.

고전적인 스토리텔링 구조는 크리스토퍼 부커의 저서 『7가지 기본 플롯The Seven Basic Plots』에서 가져온 것이다. 부커는 제2장에서 살펴본 주인공의 여정을 7가지 변형된 형태로 발전시켜 이를 '메타 플롯'으로 명명했다.

이 중 코미디, 비극, 무일푼에서 거부로 세 가지는 우리 상황에 부합하지 않지만, 다음 네 가지는 조직의 스토리를 전달할 때 활용할 수 있다.

- 퀘스트
- 괴물 제압
- 항해와 귀환
- 재탄생

탄생 스토리

탄생 스토리가 중요한 이유
누구나 알아야 할 가장 중요한 스토리 중 하나는 조직의 탄생 스토리다. 이 스토리를 전달함으로써 팀에게 영감을 주고, 새로운 사람을 영입하며, 잠재고객이나 고객과 효과적으로 연결될 수 있다. 그래서 이들이 회사의 중요한 가치를 이해하는 데 도움을 준다.

다음 질문을 통해 조직의 스토리를 알아보자
당신의 조직은 어떻게 시작되었는가?

당신의 조직은 고객이나 이해관계자의 요구를 어떻게 충족시켰는가?

이런 요구를 누가, 어떻게 인식했는가?

조직 탄생 초기, 동종 업계의 다른 조직과 어떻게 달랐는가?

초창기에는 어떤 어려움이 있었는가?

그런 어려움을 어떻게 극복했는가?

이때 얻은 교훈은 무엇이며, 현재 조직에 어떤 영향을 미치고 있는가?

조직 초기 중요하게 여겼던 것 가운데 지금도 여전히 중시되고 있는 것은 무엇인가?

조직이 최고로 기능할 때 이것은 조직의 탄생과 어떤 관련이 있는가?

<u>사례 속 비즈니스 리더로부터 스토리의 영감을 얻어보자</u>

스타벅스 CEO 하워드 슐츠는 저서 『온워드Onward』에서 스타벅스 입사 1년 후 밀라노로 떠난 여행에 관한 이야기를 들려준다. 그곳에서 그는 이탈리아의 커피 문화, 즉 도시의 커피숍이 단순히 커피를 마시는 공간이 아니라 커뮤니티의 중요한 부분으로 기능하는 모습에서 큰 영감을 받았다. 그는 이러한 공간과 커뮤니티의 관계를 스타벅스에 도입, 회사와 집 사이에서 '제삼의 장소'로 만들 기회를 포착했다.

이 내용은 슐츠의 온라인 인터뷰를 통해 간략히 확인할 수 있다. 인터뷰에서 그는 이탈리아에서 '에스프레소를 둘러싼 공동체 의식과 낭만, 그리고 공연'을 어떻게 경험했는지 소개했다. 미국으로 돌아온 그는 회사 창립자들에게 이 아이디어를 설명했지만, 거부당했다. 당시 슐츠는 회사를 떠났고, 훗날 스타벅스를 인수해 자신의 아이디어를 구현해냈다.

사례 속 고전에서 아이디어를 빌려오자

조직의 탄생 스토리는 부커의 플롯 중 '퀘스트'와 가장 밀접하게 연관돼 있다. 퀘스트는 보통 주인공의 여정에 관한 스토리다. 퀘스트에서 주인공은 중요한 목표를 달성하기 위해 끊임없는 도전을 감행한다. 그 가운데 수많은 장벽을 만나지만, 조력자의 도움을 얻는다. 창작의 예로는 『일리아스The Iliad』, 『반지의 제왕』, 〈레이더스Raiders of the Lost Ark〉 〈어벤저스The Avengers〉가 대표적이다.

조직에 맞게 각색해보자

당신의 버전에서 퀘스트는 조직이 주인공이 되어 청중에게 스토리를 들려주는 것이다.

청중이 필요로 하지만 얻을 수 있는 무언가가 있다. 조직은 이 요구를 충족시키기 위해 어려움을 극복한다. 조직이 성장하면서 더 많은 갈등과 도전에 봉착한다. 크고 작은 실패도 생긴다. 그 가운데 중요한 교훈도 얻는다. 조직은 고객의 요구를 충족시킨다는 목표를 달성하고, 그 결과 조직 자체도 성공한다.

미션 스토리

<u>미션 스토리가 중요한 이유</u>

조직의 미션에 관한 스토리를 들려주면, 직원들에게 목적의식과 방향성을 심어주는 데 도움이 된다. 또 직원 개개인의 노력이 회사의 전체 목표 달성에 어떻게 기여하는지 명확하게 보여줄 수 있다. 또한 잠재고객이나 고객, 기타 이해관계자의 눈에 회사를 차별화되도록 도와준다.

<u>다음 질문을 통해 조직의 스토리를 알아보자</u>

당신이 하는 일의 궁극적인 목표는 무엇인가?

조직의 업무가 고객에게 어떤 혜택을 주는가?

조직이 과제를 성공적으로 수행했을 때 개별 소비자나 고객사의 삶은 어떻게 변화했는가?

조직의 업무가 사회와 전 지구에 어떤 이로움을 주는가?

비슷한 미션을 가진 다른 조직은 누구이며 그들은 얼마나 성공적인가?

조직 내 개인이나 팀 단위로 미션을 구체화하는 개별 업무나 프로젝트 사례가 있는가?

미션을 추구하면서 무엇을 배웠는가?

사례 속 비즈니스 리더로부터 스토리의 영감을 얻어보자

애플의 공동 창립자 겸 오랜 리더였던 스티브 잡스는 과거 "회사가 우주에 한 획을 긋길 바랐다."라며 강한 포부를 밝혔다. 이 말은 월터 아이작슨이 쓴 잡스의 전기에 인용돼 있는데, 그가 자신의 사명에 얼마나 헌신적이었는지 알 수 있는 대목이다. 이 같은 그의 인생관은 2005년 스탠포드대학교 졸업 연설에서 언급한 세 가지 스토리에도 잘 나타나 있다.

사례 속 고전에서 아이디어를 빌려오자

조직의 미션 스토리는 부커의 플롯 중 퀘스트와 가장 밀접하게 연관돼 있다.

조직에 맞게 각색해보자

당신, 즉 조직이 주인공이 되는 아주 드문 경우다. 신규 제품이나 서비스 제공을 위한 퀘스트를 진행 중이다(퀘스트의 궁극적 수혜자는 고객). 이 제품과 서비스를 만들기 위해 조직은 수많은 난관을 극복해야 하며, 그 과정에서 조력자를 찾고 중요한 교훈을 얻는다.

미션 스토리는 조직의 방향에 대한 지침으로, 또는 성취한 미션에 대한 스토리서 전달할 수 있다. 하지만 후자의 접근 방식을 택할 경우 제품이나 서비스를 재창조하거나 개선해야 할 필요성, 즉 앞으로의 과제가 남아 있어야 한다. 그런 다음 완성된 느낌과 계속해서 발전해야 한다는 불안이 동시에 느껴져야 한다.

도전 극복 스토리

도전 극복 스토리가 중요한 이유
도전에 직면해 극복한 스토리는 청중에게 각종 난관과 좌절은 비즈니스 과정 중 지극히 정상적인 부분이며 올바른 태도와 절차, 사고방식으로 충분히 극복할 수 있으며, 이를 계기로 더 강해질 수 있다는 것을 전달한다.

다음 질문을 통해 도전 극복 스토리를 알아보자
조직이 봉착한 난관은 무엇인가?

조직에서 중요한 문제를 극복했거나 불가능하게 느껴졌던 목표를 달성한 경험이 있는가?

그 순간 어떤 생각이 들었는가?

어려움을 극복하고 결국 승리하는 과정에서 경험한, 중요한 에피소드가 있는가?

도전 극복의 과정에서 조직은 어떤 교훈을 얻었으며, 어떻게 변화했는가?

이에 기여한 핵심 인력은 누구이며, 어떻게 기여했는가? 이후 그들은 어떻게 변화했는가?

사례 속 비즈니스 리더로부터 스토리의 영감을 얻어보자

스팽스의 창립자 겸 CEO 사라 블레이클리는 기업을 1조 4000억 원 규모의 비즈니스로 성장시켰다. 이 과정에서 그는 수많은 자아비판뿐 아니라 외부의 조롱과 비난도 이겨내야 했다. 그런 그녀가 어려운 시기를 극복할 수 있었던 건 끈기와 웃음이었다. 이에 관한 스토리는 2012년 포브스 인터뷰나 인사이더 비즈니스 채널 등 다양한 유튜브 채널에서 쉽게 찾을 수 있다. "인생에 실패나 어려운 순간을 맞닥뜨린다면, 그것으로부터 교훈을 얻어보세요. 그리고 그것을 웃음으로 승화할 수 있다면, 그만한 가치가 충분히 있습니다."

사례 속 고전에서 아이디어를 빌려오자

도전 극복 스토리는 부커의 플롯 중 '괴물 제압'의 고전적인 구조와 비슷하다. 여기서 주인공은 자신과 사랑하는 사람, 혹은 나라에 즉각적인 위협이 되는 강력한 괴물을 물리쳐야 한다. 창작의 예로는 〈베오울프Beowulf〉, 〈우주 전쟁The War of the Worlds〉, 〈7인의 사무라이Seven Samurai〉, 〈매그니피센트7The Magnificent Seven〉, 〈죠스〉, 〈스타워즈〉 등이 대표적이다.

<u>조직에 맞게 각색해보자</u>

도전 극복 스토리는 '난 정말 불행해. 너무 많은 어려움이 있었거든.' 같은 식의 절망적인 스토리나 '우리를 봐. 우린 영웅이야.' 같은 식의 성공을 뽐내는 스토리도 아니다.

주인공의 성공 스토리이긴 하지만, 청중에게 가장 큰 공감을 불러일으킬 수 있는 부분은 어려움을 통해 얻은 교훈, 개인으로서 그리고 팀으로서 배운 점, 난관을 극복하는 데 가장 적합한 전술과 전략이 무엇인지에 관한 이야기다.

변화 탐색 스토리

<u>변화 탐색 스토리가 중요한 이유</u>

오늘날 비즈니스 환경에서는 끊임없이 변화가 일어난다. 따라서 변화를 탐색하고 새로운 상황에 적응하는 조직의 역량에 대한 스토리를 만드는 것이 중요하다. 스토리를 만들 때는 회사가 직면한 구체적인 변화와 그 변화의 배경에 초점을 맞추도록 하자.

<u>다음 질문을 통해 조직의 스토리를 알아보자</u>

조직에 변화가 필요했던 시기는 언제였는가? 변화가 필요하다는 것을 어떻게 알게 되었나?

조직 내에서 변화가 필요했던 영역은 무엇이었나? @생각? 신념? 행동? 태도? 절차? 모두?

초기에 변화를 시도했다가 실패한 적이 있는가? 그렇다면 그 이유는 무엇인가?

마침내 변화를 일으킨 촉매제나 전환점은 무엇인가?

변화는 어떻게 이루어졌는가?

리더는 어떻게 직원들을 변화에 동참시켰는가?

개개인의 반응은 어떠했는가? 변화를 지지하고 성공적으로 실천한 사람은 누구인가?

사례 속 비즈니스 리더로부터 스토리의 영감을 얻어보자

아마존 창립자 제프 베조스는 현대의 가장 성공적인 비즈니스 리더 중 한 명이다. 그는 아마존을 통해 변화에 대응하고, 변화를 주도했다. 그가 2017년 주주들에게 보낸 서한을 읽어보자. 여기에는 지난 수년간 아마존이 변화를 탐색하고 시도한 이야기가 담겨 있다. 어떻게 온라인 서점으로 시작해 거대 글로벌 소매업체로 성장했는지, 그 과정에서 끊임없이 혁신을 거듭해왔는지 언급한다. 베조스에게 있어 각종 실험과 새로운 시도는 비록 실패했더라도 중요한 과정이었다.

사례 속 고전에서 아이디어를 빌려오자

변화 탐색 스토리는 부커의 플롯 중 '항해와 귀환'을 가장 잘 반영한다. 대개 이런 스토리에서 주인공은 낯선 땅으로 항해를 떠나거나 때로 그곳에서 자신을 발견한다. 처음에는 새로운 환경에 적응하기 어렵지만, 시간이 지나면서 중요한 교훈을 얻게 되고 삶에 이로운 사고방식을 장착하고 돌아온다. 주요 창작물로는 〈이상한 나라의 앨리스Alice's Adventures in Wonderland〉, 〈호빗The Hobbit〉, 〈백 투 더 퓨처Back to the Future〉, 〈사자, 마녀 그리고 옷장The Lion, the Witch and the Wardrobe〉 등이 대표적이다.

조직에 맞게 각색해보자

변화 탐색에 관한 스토리를 만들 때는 조직이 직면한 구체적인 변화와 이에 적응하기 위해 취한 조치에 집중하자.

초기의 실패를 피하지 말고, 조직의 변화가 필요하다는 사실을 알아채는 데 시간이 걸렸다는 사실도 무시하지 말자. 변화를 관리하는 건 당연히 어렵다. 스토리에서 이를 인정해도 좋다. 하지만 변화를 모색하는 데 기여한 핵심 인물, 그리고 변화의 결정적 순간을 떠올려보자.

주지하건대, 청중이 자신의 업무와 삶에 적용할 수 있는 교훈을 전하는 것에 집중하자.

가치 스토리

가치 스토리가 중요한 이유

오늘날 비즈니스 환경에서는 회사가 수익을 내고, 이를 통해 직원들에게 월급을 주는 것만으로는 충분하지 않다. 이런 현실은 점점 가속화하고 있다.

이해관계자, 고객, 주주는 사회와 지구 전체에 도움이 되는 가치를 표방하는 기업을 원한다. 가치 스토리는 특정 기업이 다른 조직과 어떻게 차별화되며, 무엇을 지향하는지 빠르게 전달할 수 있다.

다음 질문을 통해 조직의 스토리를 알아보자
조직의 가치는 무엇인가?
조직은 이러한 가치를 어떻게 실현하고 있는가?
조직의 각 가치에서 본보기가 되는 사례는 무엇인가?
조직이 가치에 부응하지 못할 때 어떻게 대응하는가?

사례 속 비즈니스 리더로부터 스토리의 영감을 얻어보자

2006년부터 2018년까지 펩시코의 CEO로 재직하는 동안, 인드라 누이는 '성과와 목적'이라는 개념을 수호하며 비즈니스 모델을 변화시켰다. 이를 위해 그녀는 다음 질문을 던졌다고 말한다. "어떻게 하면 회사의 포트폴리오를 변경해 환경 발자국을 근본적으로 개선하면서도 성과를 계속 유지할 수 있을까?"

결정적으로 누이는 "이 같은 시도가 기업의 사회적 프로그램도, 형식적인 활동도 아닌 '돈을 버는 방법'에 관한 것이며, 성과와 목적은 불가분의 관계에 있다."라고 말했다.

사례 속 고전에서 아이디어를 빌려오자

가치 스토리는 부커의 플롯 중 '재탄생'을 가장 잘 반영한다. 여기서는 보통 어떤 사건으로 인해 주인공이 행동을 바꾸고, 그 결과 더 나은 개인으로 성장한다.

창작의 예로는 〈미녀와 야수Beauty and the Beast〉, 〈크리스마스 캐롤A Christmas Carol〉, 〈사랑의 블랙홀Groundhog Day〉 등이 있다.

조직에 맞게 각색해보자

갈등은 스토리의 핵심이므로 조직의 가치에 대한 가장 효과적인 전개는 보통 갈림길에 섰을 때다. 즉, 회사가 가치에 반하는 방식으로 행동할 수도 있었지만, 약간의 투쟁이나 반발을 감수하고 가치에 따라 행동해 결과적으로 이익을 얻은 경우다.

조직은 늘 나무랄 데 없고, 모두가 최선을 다하는 것처럼 가장할 필요는 없다. 우리는 모두 인간이다. 각자 열망하고, 실천하고자 노력하는 가치가 있다. 그리고 대부분 그 가치에 부합하는 삶을 살고자 노력한다.

이 모든 스토리를 이해하고 청중에게 전할 준비를 마쳤다면? 이제 커뮤니케이션 기술을 개선하고, 개인 브랜드를 강화하며, 아폴로 신전에 새겨진 비문에 귀 기울여야 한다는 소크라테스의 조언을 따를 수 있을 것이다. 그리고 마침내 '자신을 좀 더 잘 알게 될 것'이다.

맺음말
최고의 스토리는 늘 이긴다

때로 누군가를 억누르려는 시도는 역효과를 낳는다.

11세기 티베트에서 태어난 마르파는 소위 부잣집 망나니였다. 걸핏하면 술을 먹고 행패를 부리던 탓에 이웃 주민들은 늘 공포에 떨었다. 이에 마르파의 부모는 아들을 바로잡고자 한 불교 스승에게 보냈다.

다행히 마르파는 술을 비롯한 그간의 모든 악행을 끊고, 불교에 심취했다. 스승의 가르침을 빠르게 흡수한 그는 인도로 떠나 불교 본연의 교리를 공부해보기로 했다.

마르파는 부모님께 받은 유산을 현금화해 유학 자금으로 사용했다. 수년에 걸쳐 100명이 넘는 불교 스승들을 찾아다니며 신성한 교리를 접했고, 이를 모국어로 번역해 두루마리 책에 기록했다. 그 책은 수 세기 동안의 방대한 가르침이 담긴 지혜의 보고였다. 마르파는 이 두루마리 책을 가득 안고 고향으로 향했다.

하지만 그 여정에 한 가지 실수가 있었다. 바로 니요와 동행한 것이다. 불교 스승이 되고자 했던 니요는 마르파의 깊은 학식을 질투했다. 그는 마르파의 두루마리 책만 없앤다면 그를 대신해 자신이 티베트에서 가장 위대한 스승이 될 수 있을 것으로 생각했다. 그래서 배를 타고 갠지스강을 건너면서 마르파의 모든 두루마리 책을 강물 속으로 던져버렸다.

이에 마르파는 자신의 긴 여정이 처참한 실패로 끝났다고 생각하며 집으로 돌아왔다. 하지만 결과는 전혀 달랐다.

마르파는 이미 위대한 불교 스승들과의 토론에서 가르침의 본질을 흡수한 상황이었다. 이를 바탕으로 불교의 핵심 사상을 가르치면 될 터였다. 잃어버린 두루마리 책에 담긴 세세한 내용은 크게 중요하지 않았다.

예상대로였다. 마르파의 사상은 오늘날까지 이어져 불교 사상을 서양에 전파하는 데 큰 영향을 미쳤고, 이는 카규Kagyu 학파의 탄생으로 이어졌다. 니요는 흔적도 없이 사라졌다.

그렇다고 필자가 이 책에서 소개한 각종 기술을 위대한 영적 가르침과 비교하려는 건 아니다. 하지만 중요한 것은, 고대 가르침의 구절 하나하나에 집중하지 않고 본질을 전달하는 마르파의 접근 방식이 비즈니스 스토리 구성에도 도움이 될 수 있다는 것이다.

5장에서 소개한 SUPERB 모델은 잘만 활용하면 얻을 수 있는 이점이 무궁무진하다. 마치 스위스 군용 칼처럼 말이다. 스토리를 구성하고 프레젠테이션 자료와 문서를 편집하는 데에 뿐 아니라 회의를 조직하고, 대화를 탐색하며, 피드백을 제공하고, 각종 팀 빌딩 활동을 강화하며, 고객 중심 혹은 청중 중심의 업무수행 방식을 유지하는 데도 도움을 준다. 많이 사용할수록 더 많은 활용법을 찾을 수 있다.

하지만 다른 의미에서, 즉 카규의 사상에서 보면 이 책의 핵심은 SUPERB의 세밀하고 정확한 구조에 있지 않다. 그 뒤에 숨어 있는 핵심 아이디어에 있다. 그래서 이 책을 통해 스토리텔링의 본질을 파악할 수 있다면, 일을 포함한 당신의 삶에 큰 도움이 될 것이다.

그렇다면 이 책의 핵심 아이디어는 무엇일까? 간단히 요약해보자.

스토리는 매우 중요하다

스토리는 현재 상황이 왜 그런지, 이 상황을 왜 바꾸어야 하는지 설명하는 데 도움이 된다오늘날 비즈니스 환경에서 점점 더 중요해지고 있다. 스토리는 누구에게 어떤 일을 하도록 설득하는 가장 강력한 방법이다.

하지만 모든 것이 스토리는 아니다.

우리 인생의 대부분은 스토리로 구성돼 있지 않다. 일 역시 마찬가지다. 이 책은 스토리를 잘 사용하도록 권장하는 만큼 스토리를 아껴서 사용하자고 제안한다. '스토리'라는 단어를 남용하지도, 스토리가 얼마나 멋진 것인지 직장에서 함부로 떠들지 말자. 이 책에 소개된 여러 아이디어를 업무에 도입하기만 해도 동료들은 그 이점을 알게 될 것이다.

공감대 형성 또한 중요하다

모든 커뮤니케이션에서 청중과 공감대를 형성하는 것은 필수 불가결한 요소다. 이렇게 하지 않으면 모든 작업의 효과가 떨어진다. 늘 공감대를 형성한 지점에서 시작하자.

명확한 퀘스트를 설정하자

커뮤니케이션이나 회의에 앞서 현재 상황에서 무엇을 얻고자 하는지 이해해야 한다. 그리고 이보다 더 중요한 것은 청중이 무엇을 얻을 수 있는지 나타내는 것이다. 이것은 스토리 성공의 토대가 되어준다.

문제 상황을 식별한다

상황 분석 및 토론 과정을 통해 모든 관련자가 직면한 도전 과제에 동의하는지 확인한다. 모두가 같은 방식으로 문제를 본다거나 심지어 같은 문제를 바라보고 있다고 가정하지 말자. 스토리를 제대로 전달하려면 먼저 질문을 많이 해야 한다.

정답이 하나만 있는 경우는 거의 없다

자신만 답을 알고 다른 사람은 아무것도 모른다는 생각으로 작업하기보다 늘 여럿이 함께 해결책을 모색하고 발견하는 게 좋다.

아이디어를 현실에 적용하자

가능하면 청중의 실제 생활과 연결되도록 한다. 스토리의 중심은 등장인물이다. 사람들이 당신의 이야기에서 자신과 그 일상을 발견할 수 없다면, 당신의 이야기는 공감을 얻지 못할 것이다.

콘텐츠보다 청중에 더 집중하자

모든 직장 내 커뮤니케이션에서 스토리텔링을 통해 얻을 수 있는 중요한 교훈 하나는, 핵심은 콘텐츠와의 관계가 아닌 청중과의 관계라는 점이다. '내가 무엇을 말하고 싶은가?'에 대해 생각하기보다 청중과 그들의 요구, 필요에 대해 더 깊이 생각해야 한다. 단순히 말하고자 하는 바를 전달하는 게 좋은 커뮤니케이션이 아니다.

스토리텔링은 연결에 관한 것이다

잠자리에서 아이가 불을 끄기 전에 같은 스토리를 한 번 더 들려달라고 말하는 것은 책의 줄거리와 주인공, 갈등 및 해결 과정에 매료되었기 때문일까? 아니면 자신을 아끼는 사람과 좀 더 오랜 시간을 보내고 싶어서일까?

스토리에 대해 가르치는 필자조차도 정답은 후자라는 것을 알고 있다. 스토리의 진정한 핵심은 그것을 전달할 때 만들어지는 연결성에 있다. 당신의 역할은 청중을 감정적 여정으로 이끌고 안내하는 것이다. 청중의 감정적 여정을 진정으로 이해하고자 노력한다면, 올바른 스토리를 전달할 수 있다. 또 자신의 안건보다 청중의 안건을 더 배려하는 스토리텔러의 사고방식을 장착한다면, 스토리를 더욱 강력하게 전달할 수 있다.

스토리텔링에 대해서는 언제든지 더 자세히 배울 수 있다

당신이 해야 할 숙제가 있다. 다행히도 지금까지 해본 것 중 가장 즐거운 숙제가 될 것이다. 바로 스토리를 보고, 읽고, 듣는 것 이미 그렇게 하고 있을 것이다. 하지만 이제부터는 이전과는 다른 생각과 태도로, 조금 더 깊이 있는 지식을 갖고 스토리를 보고 듣게 될 것이다. 어떻게 하면 더 잘 작동하는지 알게 될 것이다.

최고의 스토리에서 배우고, 그 속에서 얻은 아이디어와 기법을 프레젠테이션과 문서 작업에 적용해보자.

최고의 스토리는 늘 이긴다.